家庭教养
探索孩子
心灵的钥匙

吴东辉 / 著

子慕团队 / 文字整理

人民卫生出版社

图书在版编目（CIP）数据

家庭教养：探索孩子心灵的钥匙 / 吴东辉著 . —北京：人民卫生出版社，2017

ISBN 978-7-117-24528-9

Ⅰ. ①家… Ⅱ. ①吴… Ⅲ. ①家庭教育 – 研究 Ⅳ. ①G78

中国版本图书馆 CIP 数据核字（2017）第 091740 号

| 人卫智网 | www.ipmph.com | 医学教育、学术、考试、健康，购书智慧智能综合服务平台 |
| 人卫官网 | www.pmph.com | 人卫官方资讯发布平台 |

家庭教养——探索孩子心灵的钥匙

著　　者：吴东辉
出版发行：人民卫生出版社（中继线 010-59780011）
地　　址：北京市朝阳区潘家园南里 19 号
邮　　编：100021
E - mail：pmph @ pmph.com
购书热线：010-59787592　010-59787584　010-65264830
印　　刷：三河市尚艺印装有限公司
经　　销：新华书店
开　　本：710×1000　1/16　印张：15
字　　数：146 千字
版　　次：2017 年 5 月第 1 版　2017 年 5 月第 1 版第 1 次印刷
标准书号：ISBN 978-7-117-24528-9/R·24529
定　　价：39.00 元

打击盗版举报电话：010-59787491　E-mail：WQ @ pmph.com
（凡属印装质量问题请与本社市场营销中心联系退换）

序

首先感谢我们的孩子们,因为是他们让我们知道如何为人父母!

从我个人的职业生涯而言,我有颇多的职业角色,医生、心理疗愈师、演讲者、作者、培训师、管理咨询师、婚姻家庭咨询师、设计师、创业者……从事亲子教育已经多年的我,从2000年起,就非常清楚地知道中国家庭未来存在的各种问题,我开始踏上了四处求学的道路。特别庆幸的是,凭借自己临床医学的专业背景、管理学的个人成长经历,长期与国内外专业人士交流与探讨的收获,再结合东方文明所具有的整合性和包容性思维,以及西方文明的结构性和系统性的专业训练等,使我在西方的求学之路上有了更多的成长体悟和实践创新。

特别是在我接受了西方心理学专业训练(包括美国的家庭治疗、整合式心理治疗、德国的格式塔心理流派等当今世界近三分之一的流派)之后,对于目前中国亲子教育现状,

家庭教养

探索孩子心灵的钥匙

一

一种忧虑感莫名而生。我发现业界在亲子教育领域，过多地注重感统训练、赏识教育等技巧性训练，父母与孩子之间互动性的学习和成长方面相对缺乏；在家庭中，早期亲子的依恋模式不能很好地建构，给孩子带来的分离焦虑体验较多；家长与家长间的教育冲突，隔代长辈过多地干涉，导致孩子从小缺少安全感；抽离、观察、共情、同理、灰色地带、自我反思、系统性思维等高级思维在亲子成长中没有得到很好的训练……

今天，全世界各个家庭教育领域的顶级专家都一致认同：家庭关系对一个孩子的影响至关重要。随着社会的高速发展，物质文明的快速满足，人们必然会出现精神层面的更高追求，但时代走得太快了，我们的灵魂跟不上行走的脚步，精神的养料还没来得及储备，心灵还没有任何滋养，空虚、无聊、迷失、游离、浮躁、焦虑，在家庭这个避风港里尽显无遗。特别是在亲密关系中，经过我多年的实践探索，发现可以用四季来形容我们每一个个体的情感诉求：在春天里，我们播种爱的希望，满怀期待；在夏天里，我们相互磨合，冲突不断；在秋天里，我们的争执和争吵透支着情感的银行；在冬天里，我们感受了家庭里的冷漠、分离和背叛。好像每一个家庭成员都在捍卫自己的权利，认为自己是正确的一方，然而，却忽略了这一切行为都会影响我们的孩子。家庭中出现的各种言语的冲突、情感的分离、中国爸爸男性力量的缺乏,亲密关系出现的一些变故性事件等,对一个家庭的伤害都是无法用言语来概括和描述的,而受影响最大的就是孩子,这一切,让他们在很小的时候感受到了背叛、失落、无助、绝望、冷漠、残忍、上瘾、暴力等这些原本不属于他们的体验。每一次,当这些词汇涌现脑海的时候,我相信每一个亲历者都会有难以磨灭的失望和痛苦的记忆!

因此,很多家长都希望我能通过自己专业的心理学知识,用更加亲和的方式帮助他们,让家长也能成为家庭教育的专家。本书就是在大家期望和等待中诞生的,在书中,我第一次对亲子关系的核心问题进行了细腻的阐述和呈现。

一个好的家庭氛围,对一个孩子的成长是意义深远的,一个好的家庭教育环境一定能够弥补孩子性格方面的某些缺失。在书中,我们做了很多实例分析,大量运用了实战性的技术和方法,每一个技巧与方法都简单、可操作、实用性强,不仅适用于某一个章节里的特定情境,更可以在各个亲子问题领域综合运用。比如在人际沟通内容里有亲子互动技巧,在各个亲子互动情境或者沟通障碍情境里都可以运用,所以这里呈现出的技术都是可以兼容的。

书中,我们认为,针对孩子出现的问题要从综合的角度来评估,一部分来源于他的个性,甚至家族的传递;一部分

家庭教养

探索孩子心灵的钥匙

一

来源于他后天的教养,甚至是创伤性事件对他的影响,包括学校的因素,以及成长过程中的时代背景等,比如独生子女现象,二孩现象等,这些都会对孩子造成或大或小的心理冲击。希望父母通过这本书的学习,能用全方位的视角来评估孩子。

很多家长希望我能够出一本非常通俗的读物,然而从我个人的专业角度而言,如果过于通俗,往往会把问题简单化,这不利于父母发现孩子问题背后的真正原因。为了既兼顾专业性,又兼顾通俗性,我在每一个章节里选取了来源于生活当中的真实案例,通过案例分析给大家提供了解决思路,同时会增加一些延伸性的思考,也会增进大家对亲子领域的理解。需要强调的是这本书只是"核心问题"的部分呈现,陆陆续续大家会看到第二本、第三本。

在亲子教育领域,对于青春期稍微大一点的男孩子,我看到了他们的孤独,他们在孤独中缺乏行动能力,一部分原因是因为家庭环境中男性力量的缺失,导致男孩子缺少勇气、担当、行动、责任意识;对于青春期稍微大一点的女孩子,她们面临很多不切实际的幻想,这些幻想和现实之间存在很大冲突。而这些都与他们在成长过程中所看到的、经历到的一切息息相关。因此,整本书是以学龄前、小学、初中、高中各个阶段为脉络来整体呈现的,书中有很多章节都介绍了不同阶段的孩子不同的教育方式。不管是哪个阶段,对于教养孩子,我总体上是从六个角度来与大家探讨的:①天生我才必有用;②优势即为劣势;③情绪不是释放,转化才是根本;④非语言信息的影响力远远超过语言信息;⑤运用自然后果来教育孩子是最有效的方式;⑥仁爱和界限是亲子教养的根本。

在这冬去春来、初夏将至的时节里,举目遥望北京难得的蓝天白云,想起了"阳光总在风雨后"这一句话留给我们的思索,我想,这一本书对于家长而言,应该是有温度的——我相信,它是值得大家不断细读、推敲和探索的;我相信,通过对这些育儿技术的广泛使用,家长朋友们能不断地提升自我的觉察能力,提升亲子的互动能力,能做到用爱和仁慈来滋养这些技术;我相信,我们会看到孩子们更优秀的一面,也会看到孩子们更快乐的笑容。

本书要感谢心理学大师们的探索与实践精神,感谢我的夏茉团队,感谢亲子共学团全国性公益课程的举办,感谢每一位跟我分享真实案例的来访者,感谢我的两个孩子,他们给我很多生动鲜活的成长教材。我最要感谢的是我已离世的母亲,她是一位非常了解孩子的母亲,用中国母亲固有的仁爱,一直给我人生的启迪和动力支持。"行达天下,仁爱助人",这是她留给我最智慧的人生定位,作为这样一位母亲的孩子,我是幸福的。

家庭教养

探索孩子心灵的钥匙

一

　　虽然这本书写于冬日，但是寄希望于春天，因为春天充满着希望。虽然我们对孩子的教育有很多的困惑和遗憾，但关键的是我们不应该让遗憾继续。作为父母、作为教育工作者、作为心理咨询师，我们的责任就是"让青蛙变回王子"。

　　共勉！

——吴东辉

书于北京四惠东

2017 年 5 月 1 日

目　录

一

家庭教养

探索孩子心灵的钥匙

一

我相信，每一个孩子都是一个独特的生命。在这独特的生命背后，他们一步一步地学习和成长，编写着他们专有的成长密码。在这个成长过程中，他们难免会犯很多大大小小的错误，比如打架、拌嘴等，作为爸爸妈妈，如果我们能用更宽广的视野、更包容的心态看待孩子，就会有不同的收获。

其实，如果你对孩子的内心世界足够懂得，就会发现，孩子之间吵架和打架都是正常现象，尤其是3~6岁的学龄前儿童，多多少少都会有吵架吵不过就动手、抢东西抢不过就动手，甚至都不知道为了什么，一不顺心如意就动手的现象发生。对于孩子之间的这种"矛盾"，作父母的要通过不同的处理方法来化解，这样才能探索到吵架背后的更多深层信息，便于我们更全面地了解孩子丰富的内心世界。

第一篇

欺负他人不是我的错

一

第一节

奇奇又欺负梦梦了

"奇奇,你给我过来!"奇奇的妈妈一进家门就生气地冲奇奇喊道,"你怎么又欺负梦梦了,看我不狠狠教训你!"原来,奇奇妈妈又一次接到了班主任对奇奇的投诉,说奇奇今天又欺负了他的同桌梦梦,不停地用手去拽梦梦的头发,而且拽的时候非常开心,把梦梦都给拽哭了。听了班主任的"投诉",奇奇妈妈生气极了,觉得很没面子,准备回家好好教训奇奇。

可是奇奇只有五岁,平时在家也很乖,是什么原因让他总是将"魔爪"伸向同桌的头发呢?

◎ 妈妈的教训真的能让奇奇明白他哪里做错了吗?

◎ 像奇奇这样的情况,是不是在我们孩子的身上也会出现呢?

◎ 假如遇到这种情况,我们又应该怎么处理呢?

◎ 是不是还有比"好好教训奇奇"更好的处理方法呢?

带着这些疑问,我们可以从多个角度来分析一下,像奇奇这样的

一　孩子调皮、打架背后隐藏的"小秘密"到底是什么？

通过细致的分析，我们发现，同样一个行为在每一个孩子的内心，其意义是截然不同的。那么，在奇奇的内心世界里，到底发生了什么，让一个在家很乖巧懂事的孩子，在学校里却成了"小霸王"？

通过用心观察、探索，我们发现：类似奇奇这样的孩子，他们往往有一些共同的动机，而在这些动机的背后，隐藏的却是他们内心深处真实的感受和不易被父母所了解的潜在需要，需要家长用心去体会。

一、家庭习惯的模仿

◆◇◆◇　打人不是他们的错，这只是他们学习到的。(爸爸妈妈也这样"玩"，他们最后都会和好的，所以这样做其实是在表示"我喜欢你"吧？)

有很多喜欢打人的孩子，在自己家里，可能看到过父母吵架的场面。而爸爸妈妈在吵架时情绪激动，可能会发生肢体冲突，这些冲突中就有拽头发等肢体动作。在奇奇小的时候，观察到了家庭成员之间的一些争吵过程，再加上他发现父母争吵完之后，又会和好如初。所以他错误地将争吵、拽头发等这些行为理解成那都是能表示亲密的一种方式。他喜欢梦梦，于是就认为自己拽了梦梦头发之后，他们就可以抱在一起了，就如同爸爸妈妈吵完架之后会和好，会抱在一起一样。

这种错误的表达亲密感的行为,是他在自己家庭里观察学习到的一种方式。

可见,孩子打架,表象是发生在孩子身上,而根源却来自于父母。错误的家庭行为,不知什么时候就被可爱的小幻想家们捕捉到并演绎出来了。所以,面对已经发生的问题,家长要做的,不是生气,更不是痛斥孩子,而是谨慎自己的一言一行,当好孩子成长的参照物。

二、寻求关注和认可

◆◇◆◇　我想让你看到我,和我玩。(梦梦总是被别人围绕着,他们玩得好开心,我也想和他们一起玩,可是他们不喜欢我,那我就拉拉梦梦的头发吧,这样她就会注意我了。)

奇奇在拽头发的过程中,可能只是希望梦梦能够更多地关注他。他只是想用这种方式来表达:"梦梦,我想和你做好朋友,我想和你一起玩,你为什么不理我呢?"这其实是他想引起梦梦关注自己的一个小方法。也许我们会觉很好笑,但对那些需要关注的孩子来讲,梦梦的哭泣和大声的回应的确是一个很好的刺激点,奇奇会想:"梦梦,你终于注意到我了"。

一

三、情绪管理的缺陷

◆◇◆◇　你以为奇奇真的长大了吗？显然，他的大脑没有完全建立好情感处理的区域。（我不开心，就要让别人和我一起难过。为什么只有我哭？梦梦也要哭！她难过，我就会觉得好多了。）

有些孩子做出像奇奇这样的行为，可能只是纯粹地情绪发泄。在拽头发的过程中，他自己内心一些不开心的情绪得到了很好的释放。有时候我们也会看到，有些小朋友在欺负别人的过程中显得非常开心，总是笑个不停。在这个过程中，他释放了自己内心不愉快的体验和不愉快的情绪。

四、报复性行为

◆◇◆◇　孩子的想法有时候很简单，纯粹是因为受到了不公平的待遇，孩子很生气。（上次向梦梦借橡皮，她就是不借我，所以我拉她头发，报复她。）

是的，他真的生气了，奇奇拽梦梦头发，可能是出自于报复性行为。我们经常会看到非常生气的孩子，对另一个孩子大声地说："那是我的，那是我爸爸买的，我不给你！"

在这个过程中，孩子只是想把自己曾经遇到的一些不开心的经历，或者是曾经有过的一些受伤的情绪和体验，包括那些自己遭遇的不公平待遇宣泄出去，他想要寻求一种公平感。

无论是哪种心理，奇奇通过欺负梦梦这种报复的行为方式，是自己的内心得到安慰，让自己感觉达到了预期的效果，甚至还会觉得实现了自我价值。这是来源于他大脑皮质逻辑的一个行为方式。如果放任这种报复性行为不断强化的话，会导致孩子变得自私、任性、报复心强，形成孩子性格塑造的一个不利因素。

一 第二节

孩子在幻想和现实中成长

生活总是能让我们更加有智慧,遇到孩子欺负他人这种情况,我们要去探寻一些优化解决问题的方法,首先需要控制一下自己的情绪。而控制情绪的最好方式之一就是问自己一些问题:

※ 这样的行为,奇奇是哪里学习到的?

※ 到底发生了什么,奇奇是否真的很生气?

※ 孩子想要表达什么,表达一份什么样的需要?

※ 我们作为父母,可以为他做些什么呢?

一、父母吵架对孩子来说不是一场玩闹

在家庭里,我们要更多地关注大人之间的沟通方式。两个不同的个体生活在一起,难免会有一些争吵。作为家长,在出现意见分歧,或争吵或发生身体冲突的时候,请尽量避开孩子。

当争吵被孩子看到时,我们需要做到下面几点去安抚孩子:

1. **告诉孩子爸爸妈妈为何吵架**　跟孩子进行沟通，让他明白是什么让你们如此生气，我们要表达清楚人与人之间的人际冲突和互动是怎么形成和解决的："今天爸爸和妈妈吵架了，我们很不应该这样，所以，奇奇你要知道这样做是不对的。不要向爸爸妈妈学坏哟。"

2. **安抚孩子情绪**　很重要的一点是爸爸妈妈吵架结束后，要清晰地告诉孩子：父母吵架不是孩子的错。在这个沟通过程中，还要让他知道，即使爸爸妈妈吵架了，对他仍然是温柔的，对他的爱还是一样的。

3. **承认错误，做好示范**　父母一定要做到一起跟孩子承认乱发脾气甚至发生身体冲突是不对的，这其实对孩子是很好的示范。我们既不能为了维护自己的脸面不去道歉，也不能动不动就说对不起，而是要清晰地传递给孩子两点：第一，跟孩子一起分析对与错有什么区别，培养孩子对事情的认识能力，做到对事不对人；第二，行为上要有一些补救措施，不能总是嘴上表达歉意而不行动。父母可以当着孩子的面向对方表示歉意或者互赠礼物等。并且向孩子表示"我们吵架、动手打架都是不对的，以后不会这样了，有矛盾就要认真解释，耐心倾听。"

托尔斯泰曾经说过："全部教育，或者说千分之九百九十九的教育都归结到榜样上，归结到父母自己生活的端正和完善上。"孩子是父母言行的一面镜子。美国著名"家庭治疗大师"萨提亚认为，一个人和他的原生家庭有着千丝万缕的联系，而这种联系有可能影响这个人的一生。所以做父母要谨言慎行，必须从日常生活中的一言一行做起，

一

处处为孩子做好榜样,这样自然而然的,孩子就会在父母的言传身教中受益。

在家庭中,父母应该怎样跟孩子进行互动沟通呢? 我们要认真观察孩子在与我们互动的过程中,他的情绪和状态是怎样的,他会用怎样的方式来表达他的这种情绪与状态,他需要我们做出怎样的反应等。

要做到这一切,需要家长花费大量的时间和精力,只有如此,才能建立属于家庭自己的、有效的亲子互动与沟通方式。比如举办定期家庭会议、每天以卡片的方式和家人交流情感问题、家庭成员之间用礼貌用语"早上好""请帮我……""谢谢""对不起"等。

二、用正确的方法来引起别人的注意

特别值得注意的是,当孩子想要引起关注时,当他有情绪要发泄时,作为家长,我们如何教会孩子用更正确的方式,去向对方展示我们的心意? 这样的教育是否能更有效地处理孩子的这些交往问题?

首先,我们要告诉孩子:"动粗不是解决问题的最好方式。如果想要和小朋友一起玩,就要对他们友好。"也可以帮孩子准备一些小礼物,在孩子上学前告诉他:"如果你有喜欢的朋友,可以把礼物送给他。"这种方式可以帮助孩子从正面的实践中与其他孩子建立友谊。

其次,导致孩子希望用这种粗暴的方式引起关注的,可能是平常家庭亲子互动较少,特别是有些"低头一族"中的父母,即使在与孩子的互动过程中，也是一边拿着手机一边敷衍孩子，只有在孩子淘气捣蛋的时候才会真正关注他们。这又何尝不是在变相地告诉孩子，淘气捣蛋我们就理你了！

因此，父母平时在家中也要学会观察孩子的行为，要花更多的时间去陪伴他们。如果发现他缺少关注，并且会试图用不合适的方法引起我们的关注，就应该告诉他："孩子，如果你希望爸爸妈妈和你玩，你可以告诉我们，我们会考虑有没有时间哦。"并且注意态度，不要伤害孩子想要交流、勇于行动的心，逐渐让孩子学会用正确的方式和朋友交流。

三、发现报复行为背后的意义

假如孩子的行为是出于报复，那么我们就有必要引导孩子用一种新的方法来解决问题。在报复性行为没有被阻止的时候，孩子们会错误地认为这是可以解决问题的。一旦这种想法形成合理化的认知，就很容易在成长过程中变成一种秉性——当我觉得受到了伤害，我就该去伤害别人。当然，我们都知道，这种认识是错误的。

有些父母一遇到孩子的报复性行为，就喜欢责备和讲道理，这两种方法都不可取。因为孩子还没有体验和反省能力，根本不知道自己哪里做错了。我在这里推荐一种更好的方式——角色扮演法。每个人都扮演一个不同的角色，也可以同一个角色由不同的人轮换着演，

一

根据孩子的情况,编写一定的故事情节和版本,然后表演出来,核心是通过启发式提问,让孩子全方位了解报复性行为产生的原因和后果。进而让他清晰地知道如何尊重他人,怎样找到更好的方式来处理冲突。

"你早上吃了妈妈的三明治,如果妈妈报复你,晚上不给你做晚餐,你会怎么样?"孩子可能会说:"我会肚子饿呀。"

"那妈妈得到了什么?既吃不到早上的三明治,也没有晚饭吃,是不是没有意义啊?"通过这样一点一点启发,让孩子明白报复的无力——它既改变不了过去,又会伤害现在的彼此。

※ 让孩子体会报复后会有什么样的后果?

※ 引导孩子思考,他这样做,其他小朋友会怎么看他,他会因此失去什么?

※ 以后应该与其他小朋友如何相处?

以奇奇为例,我们可以这样设计问题:

※ 奇奇,你想告诉梦梦什么?现在,梦梦又会认为你想做什么?

※ 我们还有其他方法和梦梦相处吗?

※ 如果换作是别人欺负你的话,你会有什么样的感受?

※ 如果是你的小朋友老是欺负别的孩子,你会怎么看这个小朋友?

※ 当别人去欺负梦梦的时候,你愿不愿去保护她? 保护她会有
　 怎样的感受?

※ 假如去保护她,梦梦又会怎么看待你?

※ 假如我们和梦梦和解,我们应该怎么做,结果又会是什么样子
　 的呢?

通过角色扮演法,能让孩子感知各种角色内心的感受和体会,并能激发孩子找到更多更好的解决问题的思维模式。

最后,对于孩子而言,情绪的控制和疏解是非常重要的后天学习技能。对像奇奇这样的孩子,我们首先要告诉他:不开心、生气甚至愤怒这些负面情绪的存在是正常的事情。同时要引导孩子学会用正确的方法去消除负面情绪,让他不断地用不伤害自己也不伤害他人及环境的方式表达、宣泄出来。比如:可以握紧拳头默数 10 个数并作深而长的呼吸;可以进行原地跺脚或跑步等消耗体力的运动;可以玩一些可敲打的玩具,如鼓;可以捶打抱枕之类固定的"出气包"等。

通过正确的引导,我们会看到孩子以后在碰到类似情况的时候,就能慢慢学会如何合理地宣泄负面情绪,渐渐地,他将学会管理自己的情绪。最终,他的情绪表现状态就会积极起来,情绪发泄的基本方法也会友善起来。或许他在不开心的时候,就会向周围的朋友、老师或者家长诉说原因,并开始慢慢接受自己的负面情绪。这也是成长,能够正确表达"我不开心",也是一种进步。

家庭教养

探索孩子心灵的钥匙

一

在这里，我给大家列举五种帮助孩子处理情绪的基本方式：

1. 通过讲故事或者描述情绪标签的方式，来释放孩子不开心的情绪　例如让孩子讲出事情发生的经过，父母帮助分析问题，和孩子一起找到最好的解决方法；或引导孩子对他的情绪做描述，在这个过程中，父母可以问他"你现在感觉你的心是什么颜色的？""那里是不是很温暖，是不是很开心呢？"之类的问题，引导孩子对自己的情绪做出掌控。

2. 通过全方位提问整理孩子内心的情绪体验，便于情绪管理　我们可以在发现孩子情绪不对的时候询问他："今天在幼儿园遇到什么开心的事了吗？奇奇和小朋友都做了什么？"通过提问，让孩子释放自己的感情，并从中得到放松。

3. 把一些更好的处理类似情境的方法和建议蕴含在询问中，促进孩子深度思考　"如果你没有拉梦梦的头发，而是和她分享你的糖果，她一定会很开心吧，然后你们会一起玩积木，一起过家家，是不是就不会不开心了？"给孩子模拟解决问题的别的方法，能让孩子直接体会自己行为中的问题。

4. 让孩子学会观察别人的互动方式，并进行学习和模仿　如：家庭情景剧。让孩子观察爸爸妈妈和爷爷奶奶之间的交流，再来模仿，通过模仿产生一种交流的习惯。父母还应积极鼓励孩子积极参与到与周围人的交流中，锻炼孩子的交际能力。

5. 让孩子做一些放松练习　比如冥想等一些相关的想象力练

习,来帮助他寻求积极情绪。"我们来听听音乐,冷静地思考一下,我们今天做的事情是对还是错,有什么收获,好不好？"这时,家长可以陪在孩子身边,随着孩子一起冥想,在冷静之后,一起对各自的一天做回忆和感悟。

知识驿站 全方位提问法

孩子在成长过程中,需要学习不断整理自己的思维,而全方位提问法就是一个帮助孩子整理思维的非常好的工具。通过全方位提问法,可以让孩子明确知道思维的因果关系,同时也会知道事物整体的变化过程。在一定程度上,全方位提问法是一个能够帮助孩子走向未来、提高观察和理解事物外在环境的非常重要的方法和工具。

全方位提问法的核心是"5W1H",强调在什么时间、什么地点、什么人物、做什么、为什么做、如何做等一系列的思维整理过程。

举例:

朋朋出去玩了两个多小时了,妈妈已经做好了饭,时不时地望向窗外,急切地等着他回来。

朋朋突然推门而入,满身的泥垢,口袋都被扯破了,风尘仆仆地问妈妈:"妈妈,妈妈,饭做好了吗？饿死了！"说完了,手也不洗,就准备去吃饭。

妈妈看到这一幕,运用 5W1H 方法,让孩子用自己的逻辑思维,

家庭教养

探索孩子心灵的钥匙

一　　来理解和体会这件事情的经过和后果。

Why	衣服口袋怎么破了?
What	遇到什么事了?
Where	你在哪玩的?
When	什么时候的事啊?
Who	你跟谁一起玩了?
How	怎么处理的呢?

古往今来，我们凡事都讲一个需要。一个人表达了需求，另一个人给予了供给。付出者赠人玫瑰手有余香，受惠者享人馈赠心怀感激。那么，倘若你给的，不是他要的呢？这种付出者的爱，接受者并不理解，这还算不算爱呢？

第二篇 读不懂的爱算不算爱

第一节

家是说爱而非说理的地方

爱是无私的奉献,爱并没有对错,关键在于你付出爱的时候,满足的是他的需要还是你的要求。爱不是控制,因为控制就一定有反抗,我们的孩子也并非一个个都是不懂事的"混世魔王",更有趣的是每一个生命都是在反抗与接受中学习和成长。当你手牵手教他们迈出人生第一步的时候,他们的眼里只有你;当你一遍又一遍教他们说出第一个词语的时候,他们会甜甜地喊你们爸爸妈妈。这是经历多少岁月都无法隐没的沙中金,是人生中最珍贵的美好回忆。

一、孩子为何"不领情"

世人都说可怜天下父母心。父母之心,的确可怜。以己之心,度人之意。倘若世间有人爱你胜过一切,为了你,哪怕是他仅有一次的生命,也愿意无怨无悔地燃烧、耗尽,这个人绝对就是你的父母。但对于这份爱,如果接受之人并不懂得,甚至弃之如敝履,还能称之为爱吗?

家庭教养

探索孩子心灵的钥匙

一

假如我问你："你爱自己的孩子吗？"

你一定会毫不犹豫地回答："当然！"

假如我再问你："你知道怎样爱你的孩子吗？"

你还能如之前那样理直气壮、不假思索地回答吗？

我相信很多家长都有这样的苦恼：孩子长大了，本该懂事了，却日益无法亲近，亲子关系越来越陌生，越来越远。很多时候，我们都想成为更好的父母，但是有无论怎么努力，孩子好像总是"不领情"，总是和父母"唱反调"。我们的问题到底出在哪里？孩子的需要到底是什么？怎样才能成为孩子心中的好爸妈？这些问题，都是由于我们的沟通不在同一个角度和层次所导致。

有一位叫苏芮的女士曾和我诉说，自己的孩子过了这个暑假就念初三了。不知怎么回事，假期里她每天都闷头读书写作业，或者是自己玩游戏，反正总是面无表情，对父母不理不睬。更过分的是，前两天她和爱人想跟女儿好好沟通一下，谁知没说几句话，女儿就顶撞说："我就是不知好歹，不可理喻！"事后还在自己的房间门上贴了几个大字"请勿打扰"，气得家长无话可说，恨不得把孩子痛打一顿。

然后大人之间就开始抱怨对方陪孩子时间过少，教育孩子的时候对方不帮忙还拆台，指责对方对家庭的情感投入不够等等，最终，夫妻之间的矛盾也加入到亲子争吵中。

二、到底你对还是他对

孩子的做法我们当然不会都认同,但是既然大家普遍都遇到了这样的问题,难道这就真的完全是孩子的过错,或者完全是家长的过错? 我不同意将很多家庭问题都归咎于某一方的说法。比如有些妈妈在听完课程之后,就表示孩子的教育出问题都是自己的过错,这对于父母来说真是一个天大的冤枉。因为很多平凡的父母同样教育出了优秀的孩子。我们要有这样的概念,问题的分析结果可以指向于某一方,但是实际现象不完全会是某一方的问题,只有父母与孩子双方一起思考和进步,那才是家存在的地方,那才是有温暖、有爱、有精神共鸣的港湾。

总结来说,每一个亲子问题都必然出自父母与子女双方,而并非子女或父母单方的原因导致。我们都是从孩提时代成长过来,可以询问自己几个问题,以便于我们更好地理解孩子。

※ 你认为在你小时候,你的父母的教育方式都是对的吗?

※ 你认为你小时候有过委屈吗?

※ 你是如何处理这份委屈的?

※ 你记得他们曾经对你的付出吗?

※ 你又是如何回报这份爱的礼物的?

家庭教养

探索孩子心灵的钥匙

一

※ 你还记得家庭关系的一些冲突吗?

※ 他们对你的评价完全满意吗?

※ 在很烦的时候,你对他们有过抱怨和冲突吗?

进行这样的回忆,便于我们和孩子在共情中处理事件,在生命流动的过程中,往往是我们按自己的方式去判断他人的需要,以我们的要求去回应孩子的需要。父母对孩子不同的认知,角度和层次上的不同,造成父母不同的应对方式。因此,很多父母在对孩子无私付出爱的时候,只是考虑到自己的付出,而并没有考虑孩子是否需要。这种"糊涂的爱"是不科学也不健全的,对孩子的成长是极为不利的。

亲子关系的冲突,往往由我们不会沟通导致。沟通,简单来说就是看明白、听清楚、说对话、做对事。而我们在与孩子沟通的过程中,往往坚持认为我们的看法是最重要的,把自己的需要放在了首位,从而忽略了对方要什么,没有充分地考虑现在沟通对孩子来说合适吗?同时,我们总是喜欢用自己最熟悉的方式去沟通,但是随着孩子的成长,这一切都需要变化,因为沟通的效果不是取决于你说了什么,而是对方听懂了什么,听懂之后能做到什么。沟通的这个特点导致了有时候父母付出了很多的爱,却往往得不到孩子的回应。

也许下面的内容,可以让我们用一种探索的眼光来看待亲子关系发展中的一些问题。而家庭教育,就是让我们在学习中走进孩子的内心,了解孩子真实的愿望。

第二节

八种不受孩子欢迎的沟通

人与人是需要连接的,而连接的本质就是沟通,我们在基本的沟通中总是习惯以自己的要求和看法来左右沟通的进程,而实际上,这样做往往会使我们非常失落。在实际沟通中,通常有八种常见的状况值得我们关注。

※ 唠叨,重复性沟通——为什么妈妈说来说去还是这件事,烦死了。

※ 逻辑需求不匹配——我就想知道这件事到底应该怎么做,不要和我讲那些道理,好无聊。

※ 动机不对——你们到底想说什么,觉得我不让人放心,还是表现你们聪明。

※ 把建议当命令——尊重一下我的想法可以吗,难道你们说得都是对的?

※ 话不投机——你和我的想法不一样,我们没什么好谈的。

※ 思维混乱——我可能很强大,也可能很弱小,但我需要你们的鼓励和包容。

※ 身体状况与环境因素——我现在不想说话，只想休息一下。

※ 情绪劫持——（抱歉，我太激动了，请给我时间冷静下来。）

一、唠叨——重复性的沟通

都说父母的谆谆教诲让人受益终生，但是如果你过多地耳提面命一些孩子认为的简单层面的东西，孩子的第一情感反应将不会是感激，而是厌倦和反感。

我们经常会说："你怎么又乱扔东西了，你看，到处都是你扔的玩具和果皮！"

"不要忘记带雨伞，这几天有雨，你带了吗，不要忘记啊。"

父母在与孩子的沟通过程中，总是会唠叨个没完。其实，唠叨是一种重复性沟通。对于青春期的孩子，他看似没有注意你，其实早已从你的一言一行中精准地捕捉到了你的用意。也就是说，他虽然不看你，但实际上在听你讲话，试图去理解你语言背后的动机和需要，同时通过看你的微表情，他们已经解读到很多很多他们想得到的信息。这个时候，你的说教就显得很多余了。

当你不断地重复言语，却仍认为他始终没有听明白，或者没有听清楚你想讲的意思的时候，你就出现了重复性沟通。这种沟通效果使他感觉毫无意义，同时会让孩子在沟通过程中逐渐封闭，周而复始，父母认为他们没有听明白，认为如果孩子听明白了就会按自己的意思去做,而孩子已经开始形成一个反射,父母一开口,脑子里就闪过这样的想法,又来啦,说那么多无聊的事。我都可以背单词了。进而对父母的言语和指令变得更加厌烦又默然。孩子的冷漠,也就导致了父母的无助和失落。

当然,从另外一个角度来说,唠叨是一种爱的表现。常言道:"爱之深,责之切。"若不是因为父母爱孩子,他们也不会这样费力不讨好地唠叨。非常有意思的是,许多喜欢唠叨的人并不会觉得自己爱唠叨,不仅如此,很可能还觉得自己说得不够多、不够细。如果家长自己都不能认识到自己的问题,也就没有改变的可能。所以,当亲子关系发生问题时,与其不停地唠叨,不如用事实和行动来说服和教育孩子,反而效果会更好。

二、给予与需求不匹配

青春期孩子更关注问题实际形成的情景,他们的大脑层面更关注逻辑性需要,而父母最擅长的是情感反应。当一个孩子出现逻辑需求的时候,父母给他的却是情感的需要,这就会出现孩子和父母的需求不匹配现象。

比如说孩子一回到家,问妈妈:"妈,饭做好了吗?"

而妈妈此时此刻的回答是:"今天累不累,在学校里怎么样呀?你感觉好吗?"

一

母亲是一位很好的情感供应商,而孩子显然不是采购情感的。因为孩子询问的"妈妈饭做好了吗"是逻辑现象,他需要的是逻辑反应,这种所需非所问的沟通是导致沟通障碍的主要原因之一。

或许你觉得孩子仍是孩子,当然,他一辈子都会是你的孩子,从呱呱坠地到牙牙学语,从蹒跚学步到离家求学,从成家立业到为人父母,在父母的眼里他永远是孩子。然而,在孩子自身,却因为逐渐成长,自我认知已经在时间的流逝中逐渐改变了。虽然他是借由父母来到这个世界的,但是他不仅仅是父母的孩子,更是一个具有独立人格的新个体。

假如在父母眼中有"你就是一个孩子"这样的定义,那就与青春期孩子自认为"我不再是个孩子"出现沟通"难通",出现逻辑需求不匹配的情况。那时候,我们的爱不会是孩子想要的模样,父母越是爱孩子,孩子就越叛逆。但是,毕竟我们也想要在有生之年被孩子呵护,犹如乌鸦反哺,当他微笑着俯身去拥抱你时,你的人生,一切的喜怒哀乐也都会变成我们所感激并且需要的样子。

三、常用负面的表达

你和孩子之间的沟通有时也许会带有一定的冲突,这个过程我称之为冲突性过程。在冲突性过程中,我们要关注自身在沟通中的表现,父母经常会表现为批评、鄙视、漠视,或者是冷言冷语,或者是侦探式沟通,这些有负面意义的表达和不恰当的交流方式都会导致沟通出现冲突。

现在我们来罗列一些在冲突中家长普遍会说的话:

你现在要以读书为主,读书期间是不可以谈恋爱的!	说教
在学校里是不是有人喜欢你?	侦查
怎么回事,又考了第十名?	批评
没事没事,爸爸妈妈都理解你!	安慰
儿子,你太优秀了!	赞美
我告诉你,你再这样,你就离开这个家!	威胁
你说,你怎么回事,你说吧! 现在我们等你解释!	质问
你看你去了他们认为你很真诚,你不去他们认为你在较劲。	分析
我认为你还是把英语学好比较好。	建议
好了,好了,不说了,吃饭!	岔开
就你,还想当选学生会主席?	羞辱

这些沟通方式是不是非常常见? 看起来,我们平时使用这些话交流没有什么问题,实际上这些沟通方式,都会在潜移默化中促使孩子失去一些品质。在生活中,类似这样的例子很多,家长们习惯了以自我为中心来看待问题,解释一切,没有真正地去体谅孩子。其实,这种做法不是为了孩子好,而是在无形中破坏了孩子的健康发展。

若我们在与孩子进行沟通时不断地用这种负面的方式,通常不会有什么成效出现。因为,负面的信息对孩子的自我价值将造成不良的影响,孩子的自信心被父母错误的信息践踏,人格无法朝向健康而完

一

整的方向发展。

也许最好的教学方式是后果教学,一个生命只有在后果的磨砺中才会发展出坚韧的品格,才会激发出蓬勃向上的生机。我们发现,让孩子成长成才,应该有 7 把胜利之剑:

※ 自我思考的能力——思考之剑

※ 自我负责的能力——责任之剑

※ 自我信任的能力——信任之剑

※ 我选择所以我负责的能力——抉择之剑

※ 我行动并且我主动的能力——行动之剑

※ 战胜内心中的魔鬼的能力——坚韧之剑

※ 超越自我不断前行的能力——超越之剑

四、爱给孩子提建议

在很多场合,父母最喜欢的沟通方式就是提建议,因为在我们这里,"建议"往往被理解成是"有帮助的信息"。实则不然,假如你稍微停一停,就会发现你给孩子的建议如果是在事件之前,那么你的行为必然带有一定的不信任感,而如果是在事件之后,则难免有马后炮之嫌。

记得 2016 年的夏天,一位家长和他的孩子参加我举办的夏令营活动。在夏令营最后一天晚上,我们要举办一个烧烤与篝火晚会,篝火晚会离我们的营地距离大概一公里。那天晚上孩子们很兴奋,大家都非常期待,虽然其中有一位小朋友那天有点发烧,但她还是坚持参加篝火晚会,走了一公里,到了烧烤与晚会的现场与大家汇合。她赶到时,同学们已经迫不及待地开始了烧烤活动。她的妈妈出于对孩子的关心,走过来询问女儿的身体情况,孩子看到了妈妈,还没等妈妈张口,就迫不及待地问:"妈妈,我可以吃吗?"我们可以想象一下孩子内心的期待。

妈妈只说了两个词:"我建议你还是……"话还没有说完,孩子就非常生气地吼道:"不能吃,你叫我来干什么?"说着,孩子就眼眶湿润跑开了。这就是一次非常糟糕的建议带来的冲突。

其实我们完全可以避免这一切的发生。作为事件中的母亲,她担心生病的孩子,这无可厚非,但是既然支持孩子参加篝火晚会,就应该让孩子玩得尽兴。也许是母亲平常给女儿的建议过多,反而使孩子在这种情况下更加敏感了,导致情绪表达得更加激烈。其实作为事件中的妈妈,只要表现出尊重和信任就足够了,要相信自己的孩子,既然孩子能带病坚持走一公里,那她也一定能很好地与伙伴们一起分享美食与快乐!

人生不会是一马平川,所有的挫折和困苦都将是促进人进步的垫脚石。我很理解给建议的父母的心态,孩子是父母的亲生骨肉,父母害怕他们会受一点伤害。众所皆知,人生是由无数的挫折与成功组成的。父母会努力地用自己所受过的苦,甚至是仍带着惊恐的双手为子女指明他们披荆斩棘所走出的一条道路。但是也请父母冷静理智地思考一下，没经历过挫折的人，是否能称之为完整的人？现实告诉我们，只有自己走出来的路才是真正属于自己的。作为父母，是否更应该旁观，而非亲身指挥呢？

五、答非所问，不了解孩子动机

古语有云：话不投机半句多。在亲子交流中，如果你给孩子一种"答非所问"的感觉，很显然，你们的沟通绝不会愉快。每个孩子在表达自己的过程中，都有内在的需求。当孩子的需求层面发生变化的时候，你仍以单一的模式回应他，亲子间所产生的良好沟通效果就很难持久。因此，正确了解孩子的内心也就是内在需求，是沟通的前提。比如，要足够地关注他的每一方面，包括说话的神态，身体的动作等，这些无一不在向你表达他的真实情感。

当你一贯按照孩子的需求，给予了相应的回复，他们的内心才会得到满足，才会对你充满感激。

我们生活中常常有这样的沟通，孩子用很期待的眼神看着你问：："妈妈，你要不要去超市买东西？"这个问题的真正意义其实是"妈妈，我想跟你一起去超市买东西"。假如你知道孩子的真正目的，就可以说："是呀，你要不要跟我一起去？"孩子听完必定会很高兴，因为这正是孩子当时的心愿。

孩子在与我们交流的时候,会有一些需要和内在的动机,这些动机都是行动的动力。当我们了解掌握了这些动机,就可以更好地引导孩子,对一个孩子来讲,我们常常可以看到以下的一些动机和需要:

自我展示的动机	妈妈,今天我考试考得不错哦
满足自己需求的动机	妈妈,我的鞋子坏了,我要重新买一双
好奇与探索的动机	爸爸,天空为什么是蓝色的
奖励与被欣赏的动机	妈妈,今天我来洗碗吧
安全与自由的动机	你不可以偷看我的日记

六、不能体谅孩子的思维特点

思维是一项不断在犯错与受挫中发展起来的能力。作为父母,我们不可以把孩子的一切都安排好,这样反而剥夺了孩子成长的机会。青春期的青少年们,由于他们体内荷尔蒙的增加,导致想象力和创新思维异常丰富与活跃,这一成长阶段的特点具有两面性,一方面是追求自由,喜欢天马行空、驰骋江河地幻想,认为自己无所不能;另一方面又内心充满矛盾,角色混乱,会夸大事物的严重性、祈求奇迹发生、盲目乐观等。

※ 你是一个坏蛋,巴啦啦能量——呼妮拉——魔仙变身! 给我变,变,变!

一

※ 做人还是要乐观的好啊,这样对人对己都好,恩! 加油,太
累了!

※ 对! 我确实不是很精明,不是像某某那么聪明,但是……

※ 你对我好,我会加倍还给你的,所以不可以欺骗我,不要!

※ 总觉得自己是那种很傻很傻的人,我太无能了。

※ 一个想法直到经历了惨痛的教训以后才会真正领悟,长记性,
我是一个傻女孩!

※ 上帝啊! 啊啊啊啊啊!

※ 我要有自我的感觉,我就是我的 feel! 快点啊,别在半路玩了!

在这一时期,孩子的思维发达程度增加,更具有勇气,也更富有创造力。但是在这一时期也伴有胡思乱想,他们在做很多事情时,内心情感处于冲突状态,有时候觉得自己很强大,有时候觉得自己非常自卑、懦弱。因此在这种思维混乱的状态下,他很难正确且完整地表达自己内心的情感和想法。

作为父母,我们更应该体谅他们,因为此时的孩子们会更加敏感和脆弱。同时,这也是一个人发展个性、树立人生观和价值观的重要时段,需要父母对他们付出足够的耐心和体谅。孩子们经常会用这样的方式来告诫父母,那就是少说话,只做事,但这一点对有些父母来说做起来就比较困难。

整理亲子理性思维的一些很好的方法：

※ 小目标，小奖励，小鼓励

※ 活页夹，活动表，活生活

※ 多运动，多记录，多交流

※ 会区分，会比较，会主动

七、不考虑沟通时的身体状况和环境因素

我们都会有身体或精神虚弱、疲惫的时候，成人在这种状态下尚且不容易理解和接受他人，更何况孩子。身体状况以及环境因素也会使我们和孩子之间的沟通产生障碍。

沟通要强调家庭环境和氛围环境，每天拉着脸的家长，其家庭整体氛围不会让孩子产生交流的欲望，只会厌恶和回避。当孩子的身体处于不良状况的时候，他们也不会对你敞开心扉。

青春期的孩子如果存在身体上乃至环境上的不适应，或者仅仅是因为身体疲惫而厌倦交流的行为，我们应给予充分的理解和体谅，并针对孩子的这种情况做更多的调整。

人群，是孩子最善于发泄情绪的地方，他会用最直接的方式挑战你的脸面，因为他清晰地知道父母怕什么，而且你怕什么，他就来什么，在人多的环境中，父母最容易妥协。同时在人群中，孩子本身的情绪也比较高涨，父母们往往也会更多地关注与一些熟悉朋友间的探讨

和交流,容易忽视与孩子的互动。当我们沉浸在愉快互动的体验中时,他好像没有被足够的照顾到,这种对比性也会激发孩子的需要,因此,孩子们在人群中往往更容易失控。

八、带着坏情绪沟通

情绪劫持,是指在家庭沟通或者在人际沟通过程中,当一个人被自己的情绪控制的时候,大脑已经无法正常运转,这时他的大脑一片空白,所作所为都是来自于情绪的反应。正如电视剧里面,那些受了打击、惊吓或者被喜悦冲昏头脑的人,下意识的反应一般没有逻辑,而是一种单纯的条件反射,或激动得跳脚,或恐惧得大叫,又或是兴奋地拥抱身边的人。

这种被情绪控制的现象就叫做情绪劫持现象,人被情绪劫持时,大脑处于一种自动反应状态,就是我们讲的:情绪爆发点或者情绪按钮。

情绪劫持,是我们在情绪中的基本状况,我们可以做的是冷静一下,通常需要 15 分钟的冷静以及身体的抚摸比如拥抱、语言的安抚,这样可以让我们寻找到平静的内心。唯一要值得注意的是,当孩子在愤怒的时候,我们可以在一定距离积极关注和不断地表达善意,这是行之有效的方法。

青春期是每个孩子都会度过的关键时期,标志着孩子的成长。这一时期,家长需要及时调整自己的教养主导角色,慢慢转变为一个陪伴者的角色。这就意味着要以孩子为主,家长需要付出更多的时间和精力去转变,更多地倾听孩子的心声,给他们足够的尊重与自由,站在孩子角度去考虑问题,和孩子达成有效的沟通,帮助孩子一起度过这个关键时期,给予孩子他们需要的真正的爱!

一 第三节

读懂孩子心的爱才是真爱

当我们看到问题的时候,会苦思冥想,实际上,当我们把问题理得很清晰的时候,往往会发现,答案也随之而来。看见孩子内心的需要,我们才能让生命彼此更加感动和幸福。

一、常用表情等非语言信息沟通

首先,针对唠叨以及逻辑需求不符的问题。我们应该学习用非语言信息去和孩子沟通,而不一定要用语言来表达,因为语言在很多时候往往不能很好地表达我们的内心世界。我们的中文虽然文化传承久远、底蕴深厚,却依然不能将情感完全表述尽致。但是通过表情和动作的陪衬,接受者就可以清楚地读懂被表达者是喜是怒,是悲是伤。

交流因素的增加可以使我们的沟通逐渐达到最佳状态。比如,有时我们想递一杯水给正在写作业或玩耍的孩子,只需要把水放在孩子的旁边,拍拍他的肩膀离开即可。而实际上,这种沟通效果比你站在一旁,滔滔不绝地介绍喝水的益处"孩子每天要喝很多水,你要补充水,体能消耗过大,要多补充水,或者吃一点零食",效果要好得多。

有时候我们可以不说话,而是利用面部表情、身体语言,如微笑、点头或拥抱、给他点赞等,让孩子感受到父母想要表达的关心和爱,进而鼓励孩子表达自己的意愿。

二、询问式沟通

其次,我们要学会询问式沟通。建议这种形式,会让孩子觉得家长站在制高点上,自己是一个被管控者,尤其是对于青春期的孩子,这种类似于"上下级"的关系会让他们厌烦。家长在亲子沟通过程中并不需要建立权威,而是需要给予孩子一种尊重和理解。当家长放低身段去接近孩子的世界时,当选择蹲下来和孩子交流时,就会发现他们的世界另有一番天地,它的绚烂程度并不会低于你的世界。家长可以通过询问的方式将对孩子的关心传达给他们,"你明天的考试有把握吗? 刚才路上遇到的吉他演奏者你怎么看? 天气有点凉了,有多穿件衣服吗?"等语言,会更容易被孩子接受,并且能用更有效、更温和的态度传达对孩子的关怀和意见。这种方法值得每一位家长好好学习。

家庭教养

探索孩子心灵的钥匙

一

询问式沟通，需要把陈述句变成主语是"我"的疑问句，例如：

11点了，你看你总是拖拖拉拉的。

11点了，你还没有写好是吗？

去洗澡去了，赶快！

你准备什么时候洗澡？

你要起来了，上学就要迟到了！

今天你起来很困难是吗，我来帮你一下可以吗？

积极的询问技巧

你现在是要把作业写完再吃饭吗	观察描述

| 你是不是想告诉我,鞋子坏了 | 反馈式聆听 |

| 如果这样做的话,你觉得会不会惹妈妈生气 | 自我情绪感知 |

家庭教养

探索孩子心灵的钥匙

你被冤枉的时候,我想一定很伤心	共情

爸爸看你的信件,这件事你是不是很有意见	同理心

你现在是准备写作业呢,还是有其他安排? | 聚焦于问题

你还是先吃饭,饭不吃,等一下会肚子饿 | 自然后果

三、"我担心"的妙用

在整个人际互动过程中,我们能看到很多孩子在做一些事情的时候,父母的内心充满了各种各样的情绪,比如担心和不满,当这些情绪被我们直接表述出来的时候,孩子感受到的可能就是一种攻击性和批评性、挑剔性,甚至是带有鄙视和打压的诋毁,但是如果换一种孩子愿意接受的语言去表达,就能让孩子感受到我们内心深处真正的语言——担心。

互动过程中,在我们想表达的这些观点的背后,实际上是内心深处对孩子的担心,对他的未来、当下、过去的担心。

如果我们能够把这种担心清晰地表达出来,会有三个非常有意义的价值:首先,担心是我的事,不是你的事,孩子不会感觉到压力;其次,能让孩子感觉到父母对他的关心与支持;第三,担心的背后是柔软,是对孩子发自内心的爱,是对孩子的尊重和认可。所以,父母的这种担心是对事不对人。

当我们习惯用"我担心"的语句来互动的时候,会发现孩子更容易配合,更能感受到我们的关心和爱护,更容易接受我们的想法和观点。我们应该在说话方式上更讲究,把平实的语言转变成内心真实的担心。那时,你会惊讶地发现,人与人之间的互动原来可以有那么多的柔情和关爱,原来是那么温暖、有深度、充满人性关怀。

我们可以用一些句式来展示担心的转化：

你看看今天就穿这么一点，冻死你！	天气很凉，我担心你穿少了会感冒。 

我不是和你讲过吗，晚上不可以吃零食！	我担心你晚上吃零食，牙齿会受到影响。 

家庭教养

探索孩子心灵的钥匙

一

你看看,这道题明明会做,怎么又错了?	你会的题目我们都没做对,我担心你考试会有大麻烦。

路上结冰了,走路不专心,就等着摔跤吧!	小心一点,我担心你会摔倒!

你脑子进水了? 不知道你是怎么想的!	我担心你考虑问题不周全,会影响到你做事情的结果。

四、提供三种选择

在亲子沟通里,经常会看到很多父母在沟通时给予孩子的只有一种选择。当孩子处于只有一种选择的状态,他会觉得这是一种绑架,自己被家长"要挟"了,这种教育方法产生的结果往往是反抗。

如果我们给孩子两种选择,他们又会左右为难,犹豫不决。

如果给出三种选择,孩子会真正感觉到他的内心是自由的,而我们给出这三种选择的目的也不是控制孩子选择我们想要的,而是引导孩子,让他自己做选择,并在选择的过程中感受到父母给予他的充分尊重和信任。只有孩子亲自确定的选择,他才会有为自己的选择负责的意识,这也是培养孩子"我选择、我负责"的非常重要的环节。当然,过度选择也可能导致选择泛滥。

为了更容易理解,我们举个例子。

在孩子不是特别愿意穿衣服的时候,我们可以问他"你愿意穿红色的衣服?"(这是一种选择。)或者"对了,你还喜欢那件小狗熊的衣服是吗?"我们还可以这样问:"你可能更喜欢自己去找衣服是吗?"

前面两种选择是我们发起的,而第三种则是我们让孩子自由选择,当一个人能够自由选择的时候,他会感到自己是被关注的,是被认同的。这样的互动方式,往往会使孩子完全投入到倾听当中,投入到穿衣服的这件事上,我们会看到他们的积极配合。

五、发现孩子的真实需要

在和孩子沟通的过程中,我们要先确定他们的需求到底是什么。如果他只是寻求一个逻辑上的答案,我们便只需要给他一个逻辑上的回答。有时候,多余的关心反而会对亲子关系产生不好的影响,是画蛇添足。

当孩子表述事情时,只谈事情不谈情感,往往可以取得更好的沟通效果。在沟通时做多余的事，说多余的话，往往会费力不讨好。当孩子真的需要我们的拥抱、关爱和鼓励时，他的表现会让我们知道。

捕捉孩子真实的动机同样不可忽视。我们必须知道，此时此刻他需要的究竟是欣赏还是认可，是物质还是精神？是一个简单的拥抱还是安慰？只有看到他真实的动机，我们的教育才能得到孩子真正的认可，才能给孩子爱的温暖。

在这里，我给家长们提供一些发现需求的线索：

※ 眼睛总是关注的地方，往往是需要的地方。

※ 语中"但是"之后的部分，才是他需要的地方。

※ 不断地评论他人，往往是孩子在变相表达自己的需要。

※ 孩子会牢牢记得一些事情，不会忘记，那就是他的需要。

※ 迅速的行动，往往直通孩子的需要。

※ 在某处某事上高涨的情绪往往标记着孩子的需要。

六、让他赢，同时带上后果

"让他赢"，让孩子直接面对赢背后的结果，是一种非常好的亲子互动。很多时候，在权利的争夺过程中，孩子只是想赢，往往会忽略赢的背后到底是什么。孩子在一味追逐"赢"的过程中，往往会忽略了"赢"背后的代价和后果。与其一味阻拦劝说孩子，倒不如在孩子"赢"，同时让他看到了事情的结果。这样,在之后的沟通中,他就不敢轻易"赢",他会意识到"赢"意味着他要负起更大的责任,他会慎重地考虑为了"赢",他将要付出什么代价。

互动和沟通的目的是让孩子可以深度思考自己的责任和权限问题,因此,在人与人的互动过程中,他应该了解、遵循的一些原则,应该学会考虑后果,权衡代价,而不是一味地关注自己的要求。通过"赢"的训练,可以让孩子知道不可能所有事都为所欲为,自我的能力也有局限。从而让孩子更多地开始培养"双赢"思维。

七、创造良好的沟通氛围

作为父母,我们有责任为孩子创造更好的家庭沟通氛围,在温馨、合理的环境中,建立亲子间良好的沟通方式和渠道,让亲子间的沟通能"搭上线"。同时也要注重孩子沟通时的身体状况和情感状态,注意孩子敏感特殊时期的感受和想法,可以采取正确的选择式方式,以达到最好的沟通效果。

家庭良好的沟通氛围会包含这样的互动情景:
※ 允许家庭成员自由表达。
※ 允许大家有娱乐的时间。
※ 允许家庭成员犯错误。

※ 允许家庭成员按自己方式来行动。

※ 允许家庭成员有自己的独立空间。

※ 允许家庭有冲突的存在。

※ 允许孩子在人际中输与赢。

※ 允许家庭成员情绪失控。

八、笛卡尔坐标图——整理孩子的思想

对于比较小的孩子,我们通过全方位的提问法来让他整理自己的思路,通过情景体验法让孩子学习到共情;而对于比较大的孩子,显而易见,这些方法无法满足他们思维发展的需要,我们要用更深层次的整理工具来实现对人事物的深度思考。笛卡尔的坐标图是比较实用的一种亲子互动工具。它可以更好地让孩子从多维度、多角度来看待自己选择的利与弊。

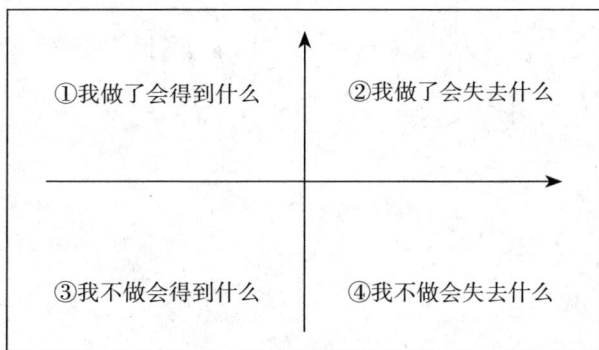

①我做了会得到什么	②我做了会失去什么
③我不做会得到什么	④我不做会失去什么

家庭教养

探索孩子心灵的钥匙

一　　笛卡尔的坐标有四个方面的角度和深度思考,当我们做一件事情时,往往会考虑到做这个事情有什么好处,却忽略了这个事情的另外三个面,这件好事情的背后实际上也有坏处,这件事情不做会有什么样的坏处,不做又会有什么样的好处,通过四个角度和四个维度的评估,我们往往可以全方位掌握,这件事情的利弊究竟在哪几个点? 每个点对我们的影响又是什么?

当我们遇到困惑的时候，可以拿出一张白纸，依次画出我做了会得到什么，我做了会失去什么，我不做会得到什么，我不做会失去什么。当我们在笛卡尔坐标中把每一件事情都罗列出来，并且打出分数的时候（一般是按 0-10 分计算），自然而然就会明白这件事情是应该做还是不应该做。若第一项和第四项分数相加后大于第二项和第三项分数相加，那这件事就不该做，若相反，这件事自然就是该做的。

通过这样的方式，我们可以帮助孩子理清思路，做出自己的选择。同时还可以让孩子知道自己需要防范什么，应当承担哪些责任，培养孩子成为一个有责任感、有担当的人。

爱，是一种能力，更像是一门艺术。父母与孩子之间的爱更是一

家庭教养

探索孩子心灵的钥匙

种无法割舍和断绝的情感。当我们能熟练掌握并运用这门艺术、学会怎么对我们的孩子表达爱的时候,孩子才能真正读懂这份爱的真谛,发展健全的人格,我们也才能以爱之名让孩子变得优秀卓越。

另外需要注意提醒家长朋友的是,不是所有的问题都适合于该方法,有些道德品质和责任义务范畴内的事情是不能拿来这样分析的,这种方法仅适用于很难抉择的复杂问题的思考和处理。如果日常每个事件都机械运用,比如前文的扫地,本来是应尽义务,如果也让孩子套用该方法,反而把简单问题搞复杂了,还不利于培养孩子勤劳善良的优秀品质。方法是好方法,关键看什么时候用,怎么用。

知识驿站 图像化沟通

我们要学习一种可以传递图像的沟通方式,因为图像更容易使人产生理解和共鸣。图像化沟通的核心就是要将语言视觉化、听觉化以及感觉化,将这三个特色整合起来,形成充分的想象中的图像画面,赋予语言质感和体验,使沟通双方有身临其境之感。

一般性沟通:

"儿子,妈妈很担心你,你知道吗? 你知道吗? 我和你爸天天惦记你,你要多打电话,知道不,不要让我们天天主动联系你!"

图像化沟通:

昨天,我坐在沙发上,手里拿着一本书,想起你小的时候,一个人在房间里跑来跑去,有时候你没有看到我们,就会抬起头,故意笑嘻嘻地来到我们身边,不停地叫妈妈,妈妈!实际上你就是希望我们抱抱你。想想过去,再看看你现在,我自己都笑了,你长大了。告诉你这些,只是想告诉你,我们挺想你的,儿子!

身为家长，总是会对孩子不断的"骚扰"感到头疼。尤其是会客时，朋友、亲人很久未见，正谈得高兴，家里的"小调皮"就"叽叽喳喳"地把我们的注意力拉过去。客人在场，我们碍于面子不好发作，可他们却越发得意，喋喋不休仿佛成了只小麻雀。有些家长就会很苦恼，为什么孩子总喜欢打断大人的交谈。该怎么做才能让家里恢复安宁呢？

第三篇 孩子总是打断你的话

第一节

我为什么要插话

门铃响了，来访的是何静的一个同事。平时只要何静和别人聊天，女儿朵朵就会像小蝴蝶一样飘向妈妈，喋喋不休地插话。这次也不例外。

朵朵：妈妈，我要打电话。

朵朵：妈妈，帮我拿仙女面具！

朵朵：妈妈，我要喝水。

朵朵：妈妈……

何静："宝贝，妈妈在和客人聊天，你自己玩一会儿。"但不论何静怎么劝，朵朵依旧吵个不停。何静的心情变得有些烦乱，无法和同事继续交流。同事没坐多久就道别走了，这让何静尴尬极了。

在生活当中，像这样老是插话的孩子，我们遇到的还少吗？当父母在与别人交谈时，当老师在讲课时，孩子总是在一旁插话，叽叽喳喳地说个不停，越是有客人，他们就越兴奋。有些家长和老师为此特别苦恼，为什么我的小孩 / 学生这么"话痨"，老是打断我们讲话？

我们不妨从另一个角度思考，这些孩子为什么总是喜欢插话？我们该如何理解孩子插话这一行为背后的动机呢？如果我们能读懂孩

一　　子插话行为背后所隐藏的真实含义,又该如何对症下药,解决孩子插话带来的苦恼呢?

一、了解插话背后的正面动机

"妈妈,这件事情,我觉得可以这样来做……"当孩子用这样的方式打断家长的谈话时,我们首先必须承认这样的小孩是勇气可嘉的,他不会压抑自己的情感表达,能够勇敢地说出自己内心的想法。这时候,家长不但不应该责备孩子,恰恰应该反思,我们平时是不是忽略了孩子的需求?当孩子想要表达自己的想法的时候,我们是不是没有给孩子足够的耐心,没有给他表达自己愿望的机会?

如果我们的孩子开始插话,家长最好思考三个问题:

(一) 此时此刻,孩子需要什么?

(二) 孩子知道我们需要什么吗?

(三) 我们能为孩子做点什么?

从三个角度思考,可以让我们更好地了解孩子插话行为背后的需求。一个孩子的需求被激发,进而就会启动他的欲望系统,接下来就差一步,那就是去行动。孩子插话,是因为他们缺少自我约束能力,真实、毫无掩饰地直接表达了自己的需求,我们可以从插话的行为中了解他们的需求,并加以满足,这样就会大大降低孩子不合时宜地打扰他人的言行。

孩子的言语	孩子真正的动机
	表达自己的意见，寻求存在感和价值感
	寻求关注，感觉自己被忽视

家庭教养

探索孩子心灵的钥匙

孩子的言语	孩子真正的动机
	报复，可能上次这个阿姨做了让她很不开心的事情，或者觉得父母忽略了自己，只顾着和对方谈话
	寻求过度关注，操纵别人为自己奔忙或得到特殊服务

孩子的言语	孩子真正的动机
	希望得到肯定和关注

二、孩子插话背后的真正动机是什么

（一）"你们总是……，我要……"背后隐藏了什么

小乔放学回家，推门进屋，妈妈在和隔壁的王阿姨聊天。小乔写了一会儿作业，发现有道题不会做，往常妈妈会立即过来帮她，可这次小乔叫妈妈，妈妈却无动于衷。

"女儿，你稍等一下，妈妈和阿姨正在谈事情，等会儿过去帮你。"

10分钟过去了，妈妈没有任何行动，依然在和王阿姨讲话。小乔很生气！

一

"好烦人,你们总是没完没了讲个不停,我要生气了! 我都等了这么久,到底什么时候来帮我啊! "

这种类型的插话表明孩子渴望被尊重,家长应该透过孩子的话解读其背后真正的含义。应反思在孩子的日常生活和学习中,我们是否给予孩子足够的关注和认可。当孩子用"你们总是……,我要……"这样的语言来表述问题的时候,他们是有足够的理由来插话的,他们在寻求正义感和尊重。我们无意间的行为已经伤到了孩子,我们自身情感或者是逻辑出现违背承诺的行为,因此,过错方是父母。我们需要通过真诚的道歉来抚慰孩子受伤的心灵,以减少孩子插话的行为。

(二) 分享与自我观点的表达

袁思怡小朋友在班上是一位特别爱回答问题的学生。每次活动时,她都能积极回答问题,还时常一边举手一边抢着说:"老师,我来说。"有时甚至不等别人说完就打断别人的话题,抢着发表自己的意见。在今天的科学活动中又出现了类似的情况:当一个小朋友发言还没结束时,袁思怡就高高举起了手,大声喊道:"老师,我来,我来……" 导致其他小朋友无法听清楚发言小朋友的回答,从而造成课堂纪律混乱。

这类孩子非常想把握住在众人面前展示自己的机会,还有一些"人来疯"的孩子,在人多的时候,会搞出一些小动作来打断正在进行的谈话。事实上,这类孩子是想参与到大家的谈话中来,但又不知道如何融入,不知道该怎么办才好,他们能想到就是打断谈话,用自己能做到的最简单、最直接的方法来获取关注。他们就是想告诉大家，我愿意和你们在一起，我爱你们，我喜欢这个话题。

（三）"谁能帮帮我呀？"——孩子只是寻求帮助

"呀！我的小熊不见了。妈妈，你快来帮我找一下啊！"

"没看见我正在谈事情吗？自己不会找吗？"

这天，妈妈刚送走客人，也不知哪里来的气，在饭桌上就教训起孩子来："大人说话，小孩子插什么嘴？不说话，还怕把你当成哑巴？"小欣挨了顿训，感到很委屈，其实自己就是想要妈妈帮一下忙，没想到妈妈生这么大的气。

这种情况下，孩子打断大人的话，是为了寻求帮助，但是父母往往会误认为是孩子没家教，故意干扰，不让跟客人聊天，就会气不打一处来，教训孩子。遇到这种情况，如果父母换种方式处理，回应："妈妈现在很忙，待会儿过去帮你一起找，好不好？宝贝先自己找一下，妈妈很快过来帮你。"孩子的情绪就不会失控。

（四）失控的情绪反应

当家长正在谈话时，孩子突然跑过来插话，情绪特别高涨，"爸爸，爸爸，我最喜欢的动画片开始直播了，你快来和我一起看呀……"家长会觉得有点摸不着头脑，"怎么看动画片也要人陪着啊，又不是小孩子了"。

一

事实上，孩子并不知道家长可能正在沟通很重要的事情，他看到一个自己喜欢的东西，本能地想要和最亲近的人分享，这是孩子的一种情绪反应，他的目的并不是故意捣蛋破坏家长谈话，只是说明"我的大脑真的很兴奋，我有很多的创意和点子，我需要和你们分享我的发现"。

（五）好奇心与困惑

妈妈昨天买了一盆含羞草回来。球球是个非常善于发现新事物的孩子，对植物尤其喜欢。当他看到含羞草时，忍不住伸手去摸，发现叶子居然合上了。

"妈妈，妈妈，你快来看啊，这个草的叶子合上了，它是不是怪物啊！"球球有点害怕，可是这时候妈妈正在和爸爸谈话，很不耐烦地回了一句："别玩花了，一会儿把它弄死了。"

由于孩子的认知有限，可能会有很奇怪、超出成人逻辑的设想。他们对新事物很好奇，同时又感到非常困惑。为了打破这种困惑，往往会打断父母的谈话。这时候，父母千万不要用成人的思维方式来束缚孩子的想象力。如果家长对孩子的问题一概敷衍说"不知道"，一定会打消孩子的积极性。但若孩子每次问"为什么"，家长都忙不迭地给出标准答案，也未必是一件好事，这等于是替孩子省掉了探究的过程，扼杀了孩子的动手能力。孩子的好奇心是学习的动机和动力，通过及时的鼓励和帮助，能让孩子长期拥有一颗好学而勇于探索的心。

（六）害怕与父母分离

小光说他很小的时候，每当妈妈跟别人谈话时，他就会很烦，因为妈妈总是和别人说个没完没了，其他的事情都不干了。比如她本来答应帮小光买东西，结果因为她只顾着讲话，就忘记了。有一次在超市里，妈妈一直专注于和别人讲话，根本没有注意到小光，当时周围有很多陌生人，小光特别害怕被别的坏人抓走，特别没有安全感，害怕跟妈妈分开。

像这样的很多因素都会导致孩子插话。其中，还有一种情况是，孩子特别不喜欢大人聊天的对象。例如，妈妈在和一个阿姨聊天，恰好这个阿姨每次见到这个孩子，都会捏捏孩子的脸，说他好可爱，但孩子特别不喜欢别人捏他的脸，所以小孩就很讨厌这位阿姨。而且现在她还一直不停地跟他妈妈讲话，小孩就更加讨厌这位阿姨了，所以他会想尽一切办法来搞破坏，好让她们不要再讲下去。不停地打断谈话就是一种手段。

作为家长，不要认为插话是孩子不懂规矩、不懂礼貌、没家教的表现，其实，透过插话的行为，能让我们看到孩子的动力和需求。作为家长，我们应调整一下自己的心态和方式，关注一下我们可以为孩子做些什么。

当孩子出现插话的行为时，家长和老师要耐心分析孩子行为背后的心理诉求。如果了解了孩子的真正用意，合理满足了孩子的需求，并给予正确的引导，孩子就自然而然不会再做出一些不恰当的行为。

一 第二节

让孩子成长是关键

现在我们可以看出,插话并不完全是一件坏事,如果我们能够看清孩子插话背后的真正需求,反而能够更清楚地认识孩子,了解孩子的内心世界,继而帮助他们更好地成长。另外,使用恰当的方法,就可以将插话转变成为孩子表达自我的良好方式。

一、给孩子充分的时间表达他的想法

我们可以跟孩子商量:"你可以表达自己的想法,但是突然打断别人讲话,是不礼貌的行为。"我们可以先来设计一个双方约定性动作,当孩子想要表达自己的想法时,就可以使用这个量身定做的打扰性动作。同样,父母也可以用一个动作来表示孩子的行为已经打扰到自己。也可以设计一个限制时间的动作,表示我多长时间会结束与客人谈话。这样的设计明确传递了信息,告诉孩子:你的需要我们已经知道了,我们双方达成约定,等老师或家长一会儿,你就可以开始自由地讲话。这样的设计可以是属于亲子间的小秘密。这样做是对孩子的尊重,也会让孩子清楚接下来会发生什么。

以上，我们谈到家长们、老师们可以通过手势表示善意的提醒。当孩子想要表达自己想法的时候，我们也需要教导他如何更加清晰和精准地表达自己的想法，并在规定的时间内完成自己的表述。在孩子表达的过程中，我们需要用心倾听，要从以下三个方面来引导他充分表达自己的观点：

（一）如果他说得太长，我们要帮他总结。

（二）当他说不出来的时候，我们可以通过询问的方式来征求他的意见和想法，来激发他的表达。

（三）如果他在表达的时候不断跑题，我们可以引导他："你想说的是什么意思？你想表达什么？你内心有什么样的想法？你今天有什么想要和我分享？"用提示性的语言来帮助他把思路固定在一个话题里，让他在一个明确的情境里完整集中地表达自己内心真实的想法。

表达自己的思想是一个循序渐进的过程，不可能一蹴而就，需要我们用足够的耐心和细微的观察去引导，有时候这样的提问和互动技巧也非常有意义：

※ 你想表达的是……？一、二、三、四，是这样的意思吗？

※ 我刚才说了什么，宝贝能否帮助妈妈整理一下思路？

※ 那种感受是难过还是伤心，它们有区别吗？

※ 你刚才说到的爸爸很爱我，你平时是如何做的呢？

一

在日常生活中,家长要用心去满足孩子渴望被关注的心理需求。比如,前几次可以让孩子大谈特谈、充分表达,当孩子说话时,家长的目光要和孩子平视,放下自己所有的事情和想法,用心去聆听孩子所说的每一句话。当这种沟通进行过几次以后,家长可以和孩子商量,制定谈话约定,每次谈话应该在多少固定的时间内表达完,如要求孩子在两分钟内表达完毕。当孩子表述完毕,家长需要及时反馈,询问孩子所说的话是不是家长所理解的意思。如果不是,家长就需要引导孩子在表达前理清头绪,通过这种互动的方式,家长可以帮助孩子锻炼精准的表达能力。

二、玩"我也喜欢插话"的游戏

孩子的自我管理能力往往不会太强,我们也会用很多方式来纠正孩子自我约束的偏差。想培养孩子的自律能力,我们可以尝试利用这种方法:设置一个特定的情景,让孩子成为观察者。观察者的角度可以让孩子领悟到行为背后的结果是什么,让孩子体会到被人不断地打扰是什么样的感觉和体会。

我们可以设想:孩子和爸爸正在聊天,聊天的内容恰好是孩子特别喜欢看的动画片。这时候,请妈妈过来干扰父子间的谈话,在父子俩聊得开心的时候,妈妈不停地打断,这时候孩子就会变得非常生气,会觉得妈妈不可理喻。随着被打断的次数不断增多,孩子终于忍不住了，大叫一声："妈妈，没看见我和爸爸在聊天吗？难道你不能等会儿再说，真是烦死了。"

这时，父子间的聊天可以终止了，爸爸要及时引导孩子："我们在谈话的时候，总是被妈妈打断，你觉得非常不舒服，对不对？"

孩子点点头。爸爸接着说："现在你应该明白了，当爸爸妈妈在讲话时，你总是插话，爸爸妈妈是什么感受了吧。"此时此刻，孩子才会真正明白自己之前的行为会让父母有什么样的感受。接下来，我们也可以在其他事情上让孩子学习换位思考，让他自己得出结论：他总是插话，这种做法是不恰当的，应该考虑一下对方的感受。

如果家里的孩子特别顽皮，怎么也不听父母的话，我们可以玩一个这样的游戏——"我也喜欢插话"，夸大问题的严重性，增加情绪反应，通过让孩子扮演更多的角色，激发孩子的多角度思考。

三、给孩子留出单独演讲的时间

如果孩子的表达欲望特别强烈，每次都有说不完的话，我们不能过度打压，而要抓住契机，因势利导。因为表达能力、演讲能力、积极的沟通和真实表达自己观点和想法的能力，以及在恰当的环境增进自己表达效果的能力等，都是孩子在未来生存和生活中非常重要的技能，需要从小锻炼。

父母应该合理满足孩子的这种需求，比如可以在家庭中每周召开

一

一次家庭会议,让孩子充分表达自己的想法,家长在一旁仔细倾听,并及时做出反馈和点评,"你的意见很好,我们可以试试看"或者"这件事情你觉得怎样做会更好",以此增进家长和孩子间的交流。家长也可以邀请其他朋友一起参与,让几个小朋友轮流进行情景表演,我称之为家庭嬉笑俱乐部时间。让孩子们轮流成为表演者和观察者,去学习和模仿他人的行为,在孩子与孩子的情境互动中,他们能学会划定行为界限和自我管理,能学会相处的方法和技巧。

在学校里,老师每周可以单独留出一节课的时间,让那些想表达自己的孩子提前准备好,上台发言。这样会让孩子觉得自己被珍视、被喜欢、被欣赏,从而愿意控制自己插话的冲动,减少插话的次数,同时也能够锻炼孩子的表达能力以及胆量,在人多的时候不会怯场。

四、沟通模仿一分钟

通过简单的角色扮演,模仿一分钟的沟通环节,将这些角色的表达方式做对比,看看体验、观察和扮演后,孩子会有什么样的体会和感受。

家长可以和孩子商量给孩子取一个动物的名字,如孩子喜欢说话就叫"小蜜蜂"。当孩子要说话时,家长应该非常温柔耐心地对孩子说:"你听,小蜜蜂嗡嗡嗡又飞过来了。我们现在让小蜜蜂先说两分钟。"如果家长正忙于处理手头的事情,不能及时回应孩子,可以告诉孩子:"对不起,小蜜蜂,妈妈现在很忙,你先去采 5 分钟花蜜,5 分钟以后再来跟妈妈说话,可以吗?"

在孩子插话的过程中,家长可以模仿孩子的整个面部表情,询问孩子,如果是用这种方式回应,他会是什么感受;然后换一种方式表达,与之前的表达方式进行对比,再次询问孩子的感受。利用这种方法,让孩子看到不同的表达方式会出现怎样不同的效果,只有让孩子了解自己行为本身所隐含的意义,他才能学会做出适合自己的正确选择,下次就不会再随便打断别人的谈话了。

我们可以设计一个游戏,让孩子能更好地做到该说时说,该停时停。

首先,家长和孩子坐在一起,围成一圈。将大家都会讲的歌谣或者古诗定为主题。一个人开头,念第一句,然后开始拍手,拍手开始时,由下一个人念接下来的一句,第一个人拍手停时,第二个人念诗停止。第三个人开始念,由第二个人开始拍手,以此类推。这个游戏可以锻炼孩子的耐心、记忆力和条理性。

知识驿站 共情式聆听 ··

共情式聆听是一种能够快速有效平息孩子不快情绪的方法。在进行共情式聆听时,要让孩子知道你很在乎他心里的不愉快,你很理解他,这样他的负面情绪就会很快消失。有时候,孩子的脾气还没来得及发出来,情绪就已经消散了。具体到插话问题,当孩子插话时,你首先要让他知道,你的需求我收到了,只有当他觉得自己的意见得到

家庭教养

探索孩子心灵的钥匙

一

了重视,才有可能不再打断大人们的谈话。

父母们要学习共情式聆听有四个关键步骤:

1. 安静积极地聆听,大人要专注,不插话。

2. 设身处地地感知他人的感受和想法,用合理的感觉词汇表达出来。

3. 征询对方的意见,并以此为根据调整自己的描述。

4. 用心了解孩子的需求,在需要的时候陪伴、指导孩子,鼓励他克服难关。

※ 举例:儿子在写作业时流泪了。爸爸可以这样与他沟通:

发生什么了,你现在有时间告诉我吗?

儿子,听你这样说,我感觉这次作业有些难,按时完成有困难。

看来得要爸爸出马协助一把了,快把难题给我看看,我们一起来打败它。

"邢深,赶紧把电脑关了,作业写完了没有,还在玩电脑? 知不知道你快中考了,一点都不着急!""你管我!"他"砰"地一声关了门,没过多久房间里就传来了震耳欲聋的摇滚乐的声音。爸妈每次这样说的时候,邢深总是非常不耐烦,他觉得爸妈没有资格插手自己的空余时间,自己已经长大了,没有必要受父母的摆布。

每次看见孩子一脸不在乎又气愤的样子,邢深的父母深感无奈。孩子虽然已经上初中了,可在学习上总是需要父母督促,最近又迷上了玩电脑,不论夫妻俩怎么劝说,他都不听,依然我行我素,动不动就冲父母发火。

"只要世界还存在,就会有错误,如果没有人反叛,这些错误将永远存在下去。"

——威廉·达罗

第一节

叛逆是必然的成长过程

固执、消极、想要控制一切，叛逆的孩子多少总是想把最简单的事情演变成为一场战争，他们总是以自我为中心，十分霸道地对待这个世界。"不！""我不干！""我就要这样做！不用你们管！"遇到这样的孩子，妈妈们也不是等闲之辈，面对孩子的"挑衅"，她们并不退让，而是积极"迎战"。我们的家庭就这样变成了一个轰轰烈烈的战场。

一、孩子叛逆正常吗？

叛逆对生命来说是很有意义的，它能证明"我"的价值，同时也是建立起与人、事、物界限的极好方式。我们是通过"不"来知道自己的局限性的。

孩子一出生就有叛逆行为吗？我想说，是的，6月龄以下的孩子通常以哭泣的方式来表达；6月龄以上，当孩子慢慢有意识交流时，脾气暴躁、易怒开始出现，孩子开始会嚎啕大哭、撅嘴、生气、摔东西，一言不合就发飙"我不玩了！"，拒绝父母的任何安慰行为，给他玩具、喜

家庭教养

探索孩子心灵的钥匙

一

欢的食物或者拥抱，都被他们拒之门外。"我的孩子怎么如此淘气，我真的受不了啦！"父母们往往会发出这样的抱怨。

从一个更长远的角度来看，人生有三个叛逆期。

第一个叛逆期，发生在两岁左右，我们称之为"宝宝叛逆期"。那时候的孩子虽然没有充分的语言表达能力，但往往会通过很多的身体动作和基本的声音、音调来表达自己的叛逆情绪。词汇量不够，他就通过"不"来表达，"不"就是他们对抗理解世界的一种方式。

第二个叛逆期，是在七岁左右，被称为"儿童叛逆期"。人们常说"七岁八岁狗也嫌"，就是说的这个时候。我们往往会发现这个年龄段孩子的大多行为是故意的，他们在不断挑战父母的底线，让父母的防御体系崩溃，只要父母掉入他们设下的陷阱，他们就会露出很得意的笑。

"我不想吃饭""我不要穿衣服""我不要理发""我不喜欢他""我不想睡觉"……在生活中，我们随处都能看到孩子叛逆的影子，简直可以给孩子取一个有趣的名字叫"小不不"了。但如果仔细观察，你会发现叛逆有很强的耐力和行动力，有时候，这会让很多妈妈头痛不已，但换个角度来想，叛逆也是孩子成长和提升的机会和力量源泉。一个持续叛逆的孩子需要系统的思考、清晰的思路、明确的目标、精准解读他人的能力，他们是天生具有高能量的实践者。

第三个叛逆期，是 12~18 岁，这是大家最常见熟知的"青春叛逆期"。

"青春叛逆期"是人生最好、最有意义的时期，它不是一时的冲动，而是一种对自我的诉求。青春期孩子们的身体发生了翻天覆地的变化,生理上的成熟往往给他们一种假象——"我已经是成年人了",而体内大量荷尔蒙的驱使和推动,会让他过多地表现出情绪化,很容易自大,同时也很容易自卑。这两种反差极大却同样极端的情绪会交替控制孩子的大脑,此起彼伏,此消彼长,轮番上阵,让他们的思维变得非常混乱。

在行为上,青春期的孩子开始逐步摆脱对父母长期的依赖,这也会让很多父母感到失落、难以适应和无所适从。在这个阶段,孩子有更大的自我的主张,渴望对自己的人际关系进行调查,并主导自己的人际关系,进而是自己的人生,同时也希望自己更加的社会化。而父母对于孩子的过度关心和过度干预,通常会为他们的反抗提供足够的理由。面对父母的不断批评,孩子会自然而然的出现抵触行为。

青春期孩子的大脑发育还没有完全完成,因此他们在面临诸多压力、追求自我价值的过程中,一旦遇到挫折,就会产生自我怀疑、混乱、矛盾、愤怒等一系列的负面情绪。由于大脑情绪荷尔蒙的分泌数量增多,他们无法更好地、心平气和地处理自己的情绪,遇到一点点负面情绪或负面行为,情绪就会迅速膨胀和爆发。

二、NO 和 YES,都是一种成长方式

其实,在孩子成长过程中,叛逆行为是非常正常的一件事情。孩子在两岁以前,整个家庭围着这个孩子转,这会给他造成一种假象,觉

一　　　得自己无所不能，凡事都可以为所欲为。

每个生命开始的时候，对这个世界都充满着"NO"，曾经的我们在遇到不开心和不高兴的时候，就用"NO"的方式来表达，每一次说"NO"之后，我们就进一步认同了这个世界的"YES"，我们学会很多必须遵守的原则、条规，甚至是我们必须臣服的、自然的基本生存准则。这些大部分都是我们在"NO"的实践过程中学习过来的，所以，"NO"可以真正让一个孩子发挥出他本来具有的天赋和天性。

如果一个孩子生下来对外在的事物全部说"YES"的话，这个孩子就不会有作为，就不会产生自己独特的思维。他们只能完全复制别人的思想、行为、观点，而不会想去改造这个世界，也不会推动自己的个体成长、学习和不断创新，也不会形成独特的"自我"。因此，"NO"和"YES"的本质是促成一个人在不断地成长中学习到更多对自己生命有价值、有意义的部分，是促进个人成长的一种动力。父母应该积极回应孩子，首先要肯定孩子，不仅要对他的进步要说"YES"，肯定他"YES"时的部分，还要在孩子的"NO"中寻找积极的方面。与此同时，父母也要用行动告诉他，自己并不是无所不能的，对他的一些不切实际的行为要及时说"NO"！因为只有"NO"才能促进孩子更高维度地成长。

叛逆的本质，其实是孩子没有办法对自己的能量进行很好地控制，假如他们学会把自己负面的能量转变成正面的行为，他们就掌握了叛逆的价值，那将是惊人的行动力。

三、叛逆有理

孩子在成长过程中,都无法避免叛逆。叛逆被很多家长理解为任性、自大、骄傲和上进心缺乏,但其本身其实是一种成长。儿时,我们也曾有过想要逃离父母的影响,追寻自由的阶段。通过叛逆,我们开始认知自我价值,逐渐形成"我的人生我做主"的使命感,开始更正确地认识自己与家庭以及在人际中的关系。在想要解决叛逆问题之前,我们要正视它,也要肯定它存在的价值。

孩子有时会和我们大吵大闹,有时会撒泼找事,不了解这些叛逆行为的父母就会对孩子采取暴力和威胁的手段。在叛逆问题上,像这样的处理方式,几乎所有孩子都体验过。对孩子而言,叛逆直接地表达了自己追求独立和捍卫"清白"的勇气和决心,并且,孩子们在捍卫自己权利的同时,也在伸张自己想要的公平。这一点往往被我们忽略。孩子在叛逆的时候,内心往往是十分脆弱而敏感的,很容易受外界因素的干扰,进而导致性格以及心理上的诸多问题。在叛逆的问题上,并不全都是孩子的问题,至少有一半的因素来自于父母。

如果叛逆是一个人必然会出现的问题,那么本章开头提到的邢深的行为是不是就不需要受到约束和管理? 如果一味制止和打压,邢深的行为真的会有所改变吗? 如果父母不做任何的劝阻和改变,邢深会自己知道如何去做吗?

家庭教养

探索孩子心灵的钥匙

一 　　　类似的情况如果发生在我们的孩子身上,我们会怎么做? 又该如何做呢?

让我们带着上述的一些问题,来一场头脑风暴:

※ 为什么我们家的孩子如此叛逆?

※ 他会用什么理由来说明他的叛逆行为?

※ 我们曾经一贯的家庭教养方式是什么?

※ 如果你是孩子,会选择怎样的方式来对抗父母?

※ 你们的家庭环境氛围是不是可以足够包容叛逆的孩子?

※ 你家叛逆的孩子有什么样的情绪反应?

※ 你自己以及家里人的处事方式是否叛逆?

第二节

孩子为何会叛逆

对于每一个出现叛逆孩子的家庭,要解决问题,首先我们要搞清问题出在谁身上。是孩子,还是父母?是孩子眼中的父母,还是父母眼中的孩子?还是双方都有问题?或是双方都认为这不是问题?还是一方认为有问题,另一方不愿意改变?还是双方都认为有问题却难以改变?这些问题听起来好像很绕,实则可以让我们理清思路,对孩子叛逆问题有一个深度的理解。只有清晰认识问题,才有助于我们更清晰地解决问题。

那么像邢深这样的孩子,我们应该如何处理呢?是和邢深的妈妈一样,还是听之任之,让他自由发展?孩子的叛逆真的有错吗?可以避免吗?我们做父母的应该有怎样的心态?我们的情绪是如何的?我们应该怎么认识孩子的叛逆呢?

一、跨代传递

心理学家马斯洛认为:人格是个体在行为上的内部倾向,它表现为一个人在适应环境时所体现的能力、情绪、需要、动机、兴趣、态度、价值观、气质等各方面的整合。人格随着时间、地点以及个体差异的不同而变化,具有一定的稳定性,人不会像精神病患者一样完全活在冲突的内在世界里。对于单个个体来说,人格很容易受到环境因素的影响,会驱使着人的行为随着环境因素的变化而不断做出反应。

有些孩子一来到这个世界上,就比其他孩子要敏感,他们很容易哭闹,对声音以及画面的动态变化反应更加强烈,这是他们天生的特质。他们不喜欢拥抱以及各种新鲜的接触,反应方式比较刻板并且单一,不喜欢创意和灵活的动态变化。这些孩子想控制外在的一切,又非常在意他人的反应。我们发现,具有这些特质的孩子的父母或者其他家庭成员也往往具有类似的特质和情绪反应模式。

遗传生物基因与环境教养方式,这两者是一个人的人格形成的最主要因素,也对孩子未来的行为起着决定性作用。因此,跨代传递是导致孩子叛逆的重要原因之一。有时候,作为父母,要改善自己的行为和处理事务的方式,积极进行情绪管理,学习更好、更科学的育儿方式,将这些运用在后天环境教养中,都能对教养孩子发挥比较好的作用。

二、对父母的有效"绑架"

当孩子出现叛逆时,很多家长就会失控,不知如何是好,感到头疼不已,甚至会出现心跳加快、手脚发抖等躯体症状,这些身体的反应信息会被聪明的孩子捕捉到。当孩子吵着闹着,甚至哭着喊着在地上打滚时,他们真的非常愤怒和难过吗？其实不一定。在更多时候,他们的目的是让你妥协、退让,进而完全达到他的要求,比如买新款的手机、不想去学校等等。当然,叛逆的孩子提出的要求也有可能是合理的,能否准确区分非常关键。如果父母无法区分孩子合理和不合理的要求,就不能读懂孩子的需要,也就不能有效解决孩子的叛逆。

为实现无理要求而叛逆,这已经不属于孩子的情绪反应,而转变成为他们控制父母的一种"武器"。所以有的时候,父母不是无能为力,而是被这些"机灵鬼"利用了我们的情感,中了他们为了达到目的所挖的"陷阱",行为上、情绪上甚至是心理上被他们给"绑架"了。

对于有些孩子,特别是儿童叛逆期的孩子,通常表现为哭闹和撒泼的叛逆是他们用来绑架父母对他们的爱的一种策略,是他们获得父母关注、实现愿望的一种手段。在他们的人生经验中,叛逆可以避免自己不喜欢的后果。于是,他们用叛逆的行为绑架父母,不断挑战冲撞父母的情感底线,直到父母无能为力,能容忍就容忍,能迁就就迁就,选择对孩子妥协。长期的妥协和其带来的心理满足会导致孩子把叛逆变成一种习惯,变成人格的一部分。当他长大成人,这种为所欲为的做派往往会被周围人评价为没有德行。

一

三、控制之爱的反抗

中国父母往往喜欢以爱的名义去控制孩子,在很多中国家庭中,存在着父母与孩子相处不平等的现象。父母有绝对的威严,喜欢用他们想要的方式控制孩子的身心,甚至"利用"他们的爱来对孩子进行软要挟。他们把自己成长过程中的很多遗憾,很多未达成的目标,全部一股脑儿地寄托在孩子身上,希望孩子活出的是他们自己小时候所梦想中的样子,也就是把孩子塑造成他们想要的"理想中的完美自我"的样子,甚至不惜为此一味地压抑孩子的天性。但孩子也是一个独立的个体,尊重不只是家长专属的皇冠,孩子在成长中更需要尊重。缺乏尊重的家庭教育,会对孩子的良性发展产生阻力,并且容易导致孩子的叛逆和心理扭曲。

我们总是会说:

"我做这些事情都是为了你好。"

"你按照我的方法去做就不会出错。"

孩子却往往喜欢坚持自己的想法:

"虽然我是个孩子,可是能不能给我点尊重!"

"我自己的未来能不能由我自己做主。"

"我不想走你们给我安排好的路。"

"我想对自己负责。"

"不要用感情要挟我。"

"我有自己做选择的权利。"

四、要达到一定目的

孩子在逐渐长大的过程中,会渐渐从只关注自己,成长到开始注意身边的其他人。有些家庭是三代同堂,父母可能会和祖父母辈发生一些冲突和矛盾。例如,孩子的奶奶总是帮助孩子洗衣服,母亲会埋怨奶奶过于溺爱孩子。有时候孩子就会拉着奶奶,义正辞严地和顶撞母亲:"你凭什么说奶奶,你才是坏妈妈!"在这种情况下,孩子的叛逆其实是值得我们感动的。因为他此时不是为了自己,而是为了他亲爱的奶奶来勇敢地提出反对意见。在妈妈眼里是叛逆,而他叛逆表达的背后却是对奶奶的爱。如果在小时候奶奶带他的时间比较多,这样的方式甚至是表达了对奶奶的感恩。虽然他现在所做的事情并不完全是正确的,但是就出发点而言,是值得我们感动的,因为孩子懂得了什么是孝顺。

所以有时候孩子出现叛逆行为,可能不是为了自己,而是为了维护一些他认为重要的人。譬如,在单亲家庭里,妈妈交了男朋友,孩子出现叛逆是为了捍卫自己爸爸的"主权"。妈妈每次谈恋爱都被他破坏,看似不懂事,其实,他只是想把家维护好。又比如在家庭里,如果妈妈显得比较强势,总是为了小事批评爸爸,孩子就可能会为了维护

一

爸爸对妈妈进行反抗,实则这些叛逆是出于对爸爸的保护,背后都是孩子对爸爸的爱。二胎政策开放后,很多父母生了二胎,孩子觉得自己不受重视,这是他们也可能会用叛逆的行为赢回父母对他曾经的爱的感觉。

当孩子出现叛逆行为时,父母不应一味指责,当然也不应一味顺从,而是要试图去理解孩子。在叛逆的行为里,他在表达着爱,他在寻求着爱。此时的他,就如同独自走在沙漠里,没有指南针,没有向导,他会迷失方向,迷失自我。他需要父母的帮助和引领,带他真正找回他自己内心最真实的爱,同时也让他在这份叛逆的基础上学会成长。

五、大脑失控

孩子们追求情感和行为的完全自由,往往不会考虑此时此刻的情绪表达合不合适。因此,这一阶段的孩子时有叛逆行为也就在所难免。

在荷尔蒙作用下,青春期的孩子有时候会觉得自己很强大,无所不能,会口出狂言。有时又会觉得自己很无力,渺小无能,会出现羞愧、自闭、不与人沟通的情况。这两种情绪会交替出现,因此我们戏称青春期孩子的大脑是"乱乱脑"。孩子们的自我管理能力在这个时期相对比较差,大脑很容易出现"战斗",也很容易"逃避"。战斗的状态就是叛逆、愤怒,以及情绪失控;逃避的状态就是不说话,冷漠。这两种反应都说明他们的大脑处于混乱状态。

在孩子的成长过程中,特别是在幼年自我成长体验的过程中,有很多经历过不良情绪并受其影响。最初,他们往往选择顺从。随着自我意识不断地成长,他们内在的情感需求和外在的行为不断地发生冲突,原先顺从和压抑的情绪,会在特定的环境下自然地爆发,触碰点也会很低,动辄发怒,因为他们的情感和逻辑无法很好地整合,做出一个例行的判断。就像有些时候,孩子虽然不满意父母所做出的某些决定,但是敢怒不敢言,长时间积压的情绪,导致他们的性格变得隐忍,气愤的临界点变得越来越低,有时候仅仅是父母没有注意他们的细节表达,他的情绪都会如 TNT 炸药一样瞬间爆炸。

六、缺乏同理心

一个叛逆的孩子,他的情感和行为是冲突的,左脑和右脑处于一方占优势或者是双方冲突的状态,他们无法站在他人角度来体会行事。缺乏同理心的孩子在处理事情和表达情感时所表现出的,并不是我们所理解的虚情假意,事实上,他们根本无法感知到他人的需要。在独生子女家庭里,孩子往往缺乏与社会互动的经验,很少经历人际交往中的挫败感,更无法站在父母的角度来体会和思考问题。他们只是遵循自己幼稚而简单的思维反应模式横冲直撞,而无法真实地换位思考,即缺乏同理他人的能力。

一

同理心就是理解他人并认同他人,同理心的发展建立在安全的家庭环境基础上,在游玩和冲突中发展和提升。同理心的学习核心是理解他人。

培养同理心的第一步,就是要让孩子学会放松,以至于有足够的经历来关注他人。很多孩子对一些情感过于敏感,他们沉浸在自我的世界里面,很难去和他人积极地互动,同理心的发展就会受到抑制。

第二步,学会观察他人,观察不是听他人说什么,而是了解其内心最真实要表达的内容。因此,同理心是一种能力,也需要不断训练。

第三步,同理心需要你感知自己内心的感受,并体会他人的感受,从而产生共鸣。

培养同理心最困难的一点,是要先搁置一下自己的观点,并在他人的观点里面寻求证据,然后做出相应的反应或者行为,用行为表达出已经真实地理解了他所说的,并认同他的部分观点和他内在的动机。

同理心的最后一步,是激发孩子思考,并认同他人的看法和感受,做出积极的回馈,这些能力对现在的孩子来讲是严重缺失的一环。现在的孩子往往有很强的自我意识,却缺少对他人认同的能力。比如父母下班回家,觉得很累,就叫孩子去洗洗菜,但是孩子非但没有遵从父母的意愿,还会出言顶撞:"你自己为什么不去洗,我们学校下周还有表演,你都不问问我有没有时间,再说家里的事情本来都是妈妈来做,你这是增加了我的负担,太过分了。"这样的言语让做父母的非常心寒。其实,这时候父母应该反思的是家庭教育中是否缺失了对孩子同理心的培养。

七、不能约束的行动力

我们都渴望培养一个全面发展的孩子,这样的孩子应该做到情感、思考和行为一体化。所谓的一体化就是情感丰富、思维清晰、行动快速高效,他们拥有最灵活的选择、最有生命力的生活状态,并能在各种状态下全然地敞开投入。

如果一个孩子情感过多,往往就容易暴躁、动怒,情绪泛滥,而这些情绪往往会左右孩子自己的行动力。使其无法正常积极地思考,也就无法做出有效的行为反应;另外还有一些孩子,思考分析能力非常清晰,谈吐头头是道,遗憾的是,我们会发现他们行动能力很缺乏,"光说不练,迟迟不动";再有另外一些孩子,他们往往做事情非常认真,行动快速,但你又会发现错误频出,因为他们是不善于思考的孩子,缺少清晰的逻辑判断,往往目标方向也比较混乱。

只会行动的孩子不善于思考,让自己不断处在做事的过程中,往往需要压抑自己的情感,因此这些孩子同样表现为缺乏情感。我们要非常清晰地知道,情商是需要建立在智商的基础上的。行动快速高效,缺乏思考和情感的孩子,往往可能在某一领域非常地专注、认真,具有一些比较好的个人成就和表现。但是这些孩子们长大后为人父母,往

家庭教养

探索孩子心灵的钥匙

一 往会对自己的孩子缺乏情感付出，缺少感知他人的情感需求的能力。

我们不妨评估一下孩子的情感、思考和行动，哪一方面需要提升，哪一方面出现了问题：

"孩子的情感、思考和行为哪种偏多？"

"如何激发他的性格优势？"

"如何来调整他的整体平衡性发展？"

"相对缺失的是哪一环，我们是否清晰地知道他哪一方面的能力纯粹地缺失？"

"在成长过程中发生了什么，让他成为这样的孩子？"

从情感、行为和思考的整体性上看，每一个孩子都有自己的优势，也存在自己的弱项。父母们要做的是激发孩子的优势，调整孩子的弱项。我们越了解孩子受约束的行动力背后的情感缺失和思考缺失，就越能更好地跟孩子一起成长。所以作为父母，我们要对孩子有更深的了解，学习如何激发孩子的潜能。提供安全和支持的环境、积极的沟通、全然的接纳与陪伴，始终都是最有效的教养方式。

第三节

如何让孩子告别叛逆

"有时候我觉得自己像一只小鸟,

想要飞却怎么样也飞不高,

也许有一天我攀上了枝头却成为猎人的目标,

我飞上了青天才发现自己从此无依无靠,

每次到了夜深人静的时候我总是睡不着,

我怀疑是不是只有我明天没有变得更好,

未来会怎样究竟有谁会知道,

幸福是否只是一种传说,

我永远都找不到。"

叛逆最常见的表现方式是愤怒、失控、歇斯底里地发作,孩子很小时表现为哭闹;稍大点的孩子表现为拖延、生气;青春期后期则表现为麻木和情绪低落。面对叛逆的种种表现,我们做父母的时常会感到束手无策,往往采取漠视的态度和逃避的方式。特别是在孩子3~7岁时,这样的教养方式会错过处理叛逆的最佳时期。我们要始终记住一个观点,每一种愤怒的背后都有一种期待和需要。作为父母,有没有理解孩子愤怒背后到底在传递什么样的信息,有没有认真去观察?

一、父母首先要管理好自己的情绪

当孩子向我们发飙时,我们往往自乱阵脚,因为我们太在乎孩子了,以致于孩子的行为常常勾起我们过往的行为模式,我们也很容易被孩子的负面情绪所触动。对于小一点的孩子,当他大喊大叫时,立刻能激起我们心中的怒火,使我们往往会采取说教、恐吓的方式,甚至使用肢体暴力。对待稍微大点的孩子,当看到他们在发脾气时,父母的反应却与之前恰恰相反,妈妈们往往会默默流泪,甚至产生胸闷头晕、两腿发抖等身体反应。

当孩子情绪失控时,无论我们采取暴力还是沉默的应对方式,都只会造成孩子更加强烈的反抗,此时,我们对情境完全无能为力。父母的这两种反应恰好能激发处于叛逆期的孩子的斗志,以暴制暴会让孩子更加兴奋或彻底绝望,把自己封闭起来逃避现实;而沉默的反应则会让孩子产生胜利感。置之不理的方法也是行不通的,因为这样的方式会让孩子为所欲为,再也无法约束。

那么,面对情绪失控的孩子,父母到底该怎么办呢? 可以用这三种方式来缓解情绪失控。

(一)当孩子的叛逆行为真的让我们无法面对时:首先把注意力放在自己的肩膀,调整自己的情绪,深呼吸 15 次,让自己慢慢平静下来。

（二）如果我们内心已经无法承受失控情绪，但是还没有丧失理智：这时候可以选择第二种方式，让自己先离开 15 分钟，去外面走一圈，便于把自己从负面的情绪里抽离出来。

（三）当遇到完全无法处理情绪的时候，我们很容易活在情绪里，慢慢地失去了理性的思考能力，此时通过询问自己三个问题，可以激发我们的思考，帮助我们恢复理智，让我们更有智慧地来控制情绪，满足我们当下的需要。先问一下你自己："我自己现在是什么样的身体反应，内心又是怎样的感受？"然后再问一下自己："现在我需要的是什么？"最后我们可以问自己："我可以做点什么来满足我自己的需要，接下来做点什么？"

通过这三种解决方式的运用，可以让我们完成良好的情绪互动，不至于被孩子的情绪牵着走。

二、倾听对方的心声

在孩子暴躁、吵闹的时候，我们不要在他愤怒的情绪上火上浇油，更不能选择冷漠的方式来对待他，而应该先接纳他的情绪，然后解读他情绪背后的心声。任何人的情绪背后都是有原因的，如果我们可以解读到这些原因，并通过语言描述出来，孩子们就会感到被理解和认同，就会平静下来。

一

方法一:表达认同、接受他们的想法和感受。

这样的叙述可以让孩子更有效地管理情绪:

"我知道你现在很难过,你也不知道如何面对是吗?"

"我知道你觉得作业太多了,你现在已经很累了!"

"我想你走了很多的路来到这里,而我们却又拒绝你参加烧烤,你很难过!"

这些都是我们表达认同的很好的方法。

方法二:确定与描述问题。

我们非常善于提供解决办法,而当这种解决办法并不是孩子所需要的时,孩子们的情绪就会爆发。确定与描述问题的本身,可以让我们回到问题的源头,探索问题的本质。

整合式家庭治疗流派大师萨提亚女士曾经谈到过:"植入一个新的情境,往往带来改变。"我们不可以僵持在这里,我们需要带入新的情境。我可以用改变情境的方式来鉴定当下遇到的问题,使问题更加清晰,因为问题越清晰答案就越明确。

"我相信每一个人都不希望自己生病,也不喜欢吃药,但问题是如果不吃药,我们的体温就没办法降下去。"

"弟弟每一次进来都把你房间弄得很乱,虽然你说了很多次,但是你也发现和他说什么都没有用,你也很希望知道怎样才能与他和平相处吧？"

"现在你的问题是，虽然你愿意写作业，但是觉得现在作业的确太多了，如果你把时间都花在写作业上，你就没有时间玩了"。

叛逆的孩子是有强大力量的，当你确定了问题，把孩子带入到情境中时，就可以试着激发他的思考了。然后我们会惊喜地发现，在展开讨论的时候，孩子不会再用叛逆的方式来反抗，而是可以直视问题，同时也会让他感觉到自己有力量解决问题。在非暴力沟通的艺术里面，有这样的描述："人与人之间需要更加柔和的参与方式来达到更好的互动，那就是请求。"作为父母，我们要用柔和的态度去表达，去激发叛逆孩子积极地思考，做出自己的承诺。

方法三：运用请求的方式。

很多父母会拒绝使用请求这种方式，因为他们很担心是否真的可以让孩子遵循他们的意愿去做一些事情？他们担心使用请求的背后是恐惧——最常用的说教、管教都没有效果，请求会不会依然无效呢？

实际上，请求是一种有效的人际沟通方式，因为请求有三个核心的功能。

（一）真实地表达自己的期待，是以"我"为角度来表达的期待，不存在任何的控制和强迫，更多地是表达父母自己接下来的行为方式。对孩子来讲，请求拥有选择权，没有丝毫的强制。

（二）在表达请求的过程中，我们是完全利他性的，是站在对方的

一

角度来体会和思考问题,请求的方式不会给孩子增加压力,反而更能够让我们看到事物的解决方法,它具有目标导向、结果导向。

(三) 我们用请求的方式,会激发孩子的羞愧感,可以让孩子更好地体会当下的情境,可以更好地聚焦于目标,更多地想想可以做点什么。

当我们用请求的语言的时候,往往是用"你是否愿意……""是否可以……""你看这样可以吗……""我不知道这样……是否可以帮到你","我需要你……"之类的语言,体现了尊重,也体现了父母的慈爱,请求也是用同理的方式,使父母和孩子达到双方预期的目标,在请求的过程中,能给予孩子足够的关注和支持。在人际沟通中,千万不要把请求理解成是逃避,理解成是变相地在讨好孩子,我们更应该知道请求的背后是真实的动机,请求是一种求同存异的沟通方式。

例如,下面的描述就使用了请求的技术:

※ "你有哪些难过的事,可以跟我说说吗?"

※ "我期待你下午能早点回来,这样我们晚上就可以腾出时间看电影。"

※ "请给我一点时间,我需要调整一下我的情绪。"

※ "也许很多时候你和我想法是不一样的,但是你还是配合了我。"

※ "你觉得妈妈在哪些事情的处理上让你感觉比较开心?"

※ "我希望你能够参加一些朋友圈的聚会,这样会有助于你增强自信。"

※ "我希望你告诉我即使有时候你很有情绪,但是你仍然很关心我的感受。"

作为父母,我们要不断地学习认同对方的观点,然后探索他情绪背后的原因,促进思考,让孩子勇敢地把自己的想法说出来。同时,父母需要控制好自己的情绪,因为一旦激动之后,就会触动孩子的激动按钮,激发孩子原本压抑的情绪,让孩子无法理解我们的真正用意,反而更容易让孩子变得叛逆。

三、点滴用心建信任

如何获得孩子的信任和爱,从而更加有效地管理孩子?最有效的办法就是分享和理解他们的希望、欢乐、恐惧、悲伤。不管孩子的观点、幻想、想象在我们看来是有多么的幼稚,不管这些事情是否与责任有关,我们都要站在孩子的立场去考虑问题,试着和孩子成为朋友,走进他们的内心世界。

在和叛逆孩子互动的过程中,我们要相信他有清晰的选择能力,他在挑战我们的同时也说明他很在乎我们的反应。我们要试着去看到叛逆孩子的背后世界,当我们理解到孩子的选择过程总是充满了艰辛和勇气时,就会知道孩子的叛逆行为只是在不断地调整他自己的人际互动状态。家长保持开放的状态,淡定从容地欣赏孩子时,会更加

——

容易走进他的心灵,与他建立起更为亲密、友好的关系。

四、少说多做——语言的不足之处

语言是一场华丽的表演,而行动则像是一杯清茶。不论你的表演再精彩,看久了也会让人觉得索然无味,不如饮一杯茶来的痛快舒服。

(一)行为本身就包含着丰富的语言

任何行为都隐含着很多的情绪和情感,在人际互动过程中,我们更喜欢捕捉到的是情感反应,而往往不会太注重行为本身。其实,合适的行为就在传递相应合适的情感。

(二)观点往往会产生观点

在人与人的互动过程中,一个人的想法不会被每一个人都认同,所以一个观点会激发别人的一些不同的意见和看法。当我们把自己的观点强加在别人的观点上的时候,对方会产生反抗。同时,很多观点都是非理性的,它们在表述的过程中,跟特定情境有关。比如说我们经常会说:“你必须赶快吃饭!”这就是一个非理性的观点,如果时间足够充分,“我为什么要赶快吃饭?”因此,赶快吃饭要在特定的环境下才成立。情境不同,每个人理解的角度不同,观点也就不同。因此,观点也是最容易引起冲突的。

（三）接受我们的行为，可以不接受我们的观点

很多父母有时候会说孩子是白眼狼，其实都是因他们以自己的角度来给予孩子爱，却硬生生地遭到了孩子的拒绝。下面我举个简单的例子。

佳凯妈妈特地做了绿豆汤给他解暑，她把绿豆汤端到佳凯面前说："孩子，天气这么热，赶快喝一点绿豆汤解解暑。"此时妈妈想表达的是对孩子的担心，而佳凯回答："我等一下吃，我现在有点事。"但是如果妈妈一再催促"我跟你讲，你赶快喝，赶快喝"，此时站在一边唠叨不停的妈妈就会让佳凯产生腻烦，他会大喊"我不喝又怎么样，我真的不想喝"。此时此刻，孩子的反应说明我们的语言表达的仅仅是只属于我们的"大人的语言"，是我们的态度强硬，孩子自然不认同。

那么，如果我们换另外一种方式，就会出现另外一种意境。我们把绿豆汤放在孩子身边，拍一拍他的肩膀，实际上就是表达了"这是给你的，你喝不喝自己选择"。当我们离开的时候，孩子少了叛逆，因为我们在这个行为过程中，给了孩子自由选择的权利，孩子会吸收行为背后最有利的观点并加以理解。在这个互动环节中，我们和孩子避免了观点与观点的冲撞。

所以在面对孩子的问题上，要多做少说，避免语言的局限性造成观点冲突。

一

五、爱屋及乌

过中秋节时,雅希写了一首诗,就存在电脑里面,这件事情她很快就忘掉了。过了几天之后,她惊奇地发现,她的爸爸把她中秋节写的那首诗发到了朋友圈里。当天晚上,她指着她爸爸又伤心又气愤地说:"我自己写的东西不是让你去炫耀的,你凭什么把我写的东西发出去。"然后就把门砰地一下关上了。本来想跟女儿好好聊聊的父亲被这突如其来的指责砸懵了,他也非常生气地站在门口把孩子痛骂了一顿,父女二人不欢而散。

我们要考虑到,孩子的"爱屋",就是说孩子在意的环境,包括了空间的自由和个人隐私权的权利,孩子需要父亲对他人格的尊重,并且给予他足够的隐私自由。

如果弟弟喜欢到姐姐房间去捣乱,姐姐就会很生气,因为每一次弟弟都会把她的房间搞得很乱。当妈妈要求孩子整理房间的时候,她也会顶撞父母:"我整理了有什么用,他进来就会给我弄乱。"此时姐姐的"爱屋",就是说"我也需要空间的自由"。

爱屋及乌还有一种说法:孩子在成长过程的最早期,往往会与养育者建立很深的情感连接,在他的内心深处,会无意识地认同养育者是他最亲的人,同时也会维持早期养育者在他心中的地位。当他听到别人拒绝或者攻击、或者谈论他最尊敬的养育者的时候,就会出现叛逆的行为。现在的很多家庭是父母忙于生计，把孩子交给了祖父母，因此当爸妈回到家里，跟孩子奶奶发生冲突的时候，孩子往往会在不经意间维护奶奶的权益，因此对母亲叛逆。汪女士就有这样的一段经历，在听过我的讲座之后，她非常感慨地说："我终于理解为什么他总是动不动就对我发火，却对家庭其他成员总是那么和颜悦色了。"

爱屋及乌的目的是营造良好的家庭沟通氛围，家庭成员其中一方在不断地批评别人"你不要跟他一样"时往往会发现，孩子竟然跟那个人越来越相似，原因就是我们的大脑是接受"YES"指令，不接受"NO"指令。比如我们对一个人说"你不要想苹果，不管它是红色的还是青色苹果，你现在不要想"，当我们不断地重复"不要"的指令时，接受信息者大脑中充满着的却是"要"。因此我们设想一下，当我们每次跟孩子说"爸爸很懒，你不要像你爸爸一样懒"，其实我们是在不断地强化，让他跟他爸爸一样懒，因为他的大脑接受的是"YES"指令，我们的话会被他的大脑直接翻译成"你要跟你爸爸一样懒"，越是否定的东西，大脑越会刻意地记住。因此，比起"你今天早上不可以吃油条，不可以吃米饭，你只适合吃稀饭，听明白了吗？"我们倒不如直接地表达："孩子，咱们今天早上吃稀饭，稀饭好消化、对胃肠好。"

在家庭和谐的沟通氛围中，我们要强调用正面积极的描述，而不要用负面的语言去教育孩子，负面的教育带来的只有负面影响，只有

一

用正面的描述才能让孩子发展出他自己的个性以及良好的性格特点。例如前面的例子,我们要在父亲身上看到他正面的价值,可以对孩子说"你要像你爸爸一样学习,有时候他的思想很自由,很有创造力"。通过这样改变思维的模式,可以更好地激发孩子的行动能力,同时有效地降低了孩子的叛逆反应。

六、职责教育

对叛逆的孩子,有的父母采取的是妥协地满足或残忍地全盘否定,我个人希望父母给予孩子的权利和责任是一致的,也就是说我们在给予孩子很多权利的时候,不要忘了让他们承担相应的责任。若我们无休止地给予孩子权利,而没有真正让对方负起责任,只会让孩子更加叛逆。我们要明确告诉孩子:得到好处的同时你也要付出一些代价,并且积极地与孩子共同探索代价背后呈现出的自然后果,让孩子明白过多要求的背后是需要我们努力的部分。

当我们没有提出任何要求的时候,孩子会肆无忌惮地活在他的需要里,他认为他所有的要求都是原本就应该被无条件满足的。在这样的认知世界里,叛逆多了一个合理化的解释,孩子的内心就失去了仁慈和感恩之心,孩子的自我社会约束感和良好的品格就不会得到很好的发展,甚至是遭到了打压,最终被磨灭在溺爱的环境中,孩子也活在自私的世界里。

七、尊重空间，尊重隐私

叛逆的孩子自尊心是极强的，他们敏感又脆弱，需要更多的尊重与自由。如果父母不能给孩子独立、自由的空间，不尊重孩子的隐私自由，就很容易引起孩子的敌视和反抗，进而使孩子更加叛逆。尊重孩子的空间自由、隐私自由等于尊重孩子的人格。

有的父母想要了解孩子的真实想法和内心，就会动用很多方法去发掘孩子的秘密，偷看孩子的日记、信件，偷看孩子的手机，不经孩子同意进他的房间找东西等。虽然父母往往出于对孩子的关爱做出这些行为，但是管教过度不仅效果甚微，反而会让孩子因为这份沉重的爱而感到窒息，会让孩子感到隐私被侵犯，这对孩子的成长是极为不利的。

尊重和自由是孩子最需要的爱，父母要用尊重和爱来调整孩子的心灵频道，和他建立良好的亲子关系，让孩子有自己的空间自由，隐私自由。这样既能让孩子有安全感，又能培养他的自主能力，帮助他更平稳地度过叛逆期。

分享萨提亚的一首小诗《五种自由》，让我们身心更加自由。

自由地看和听，来代替应该如何看、如何听。

自由地说出你的所感和所想，来代替应该如何说。

自由地感觉你所感的，来代替应该感到的。

自由地要求你想要的,来代替总是等待对方允许。

自由地根据自己的想法去冒险,来代替总是选择安全妥当的那一条路,不敢兴风作浪摇晃一下自己的船。

八、界限人生

当孩子向我们发脾气时,我们要确定界限,给他一个台阶下,必要时可在孩子面前适当示弱,增强孩子的自尊。"你现在很生气,你需要点时间来处理,我给你一点时间,我先在外面等着。"大概 5 分钟之后,我们回来看一下孩子。"你现在还很生气吗?"如果他还很生气的话,一句话也不说,我们就不要去安慰他,用什么东西去试探他一下,可以拿一个果盘轻轻地放在他的面前,我们不用说话,观察一下他面部表情的变化就可以了。如果发现他的情绪缓和了,可以跟他说一句:"过来吃饭吧"。如果他还是一个人坐着闷闷不乐,我们再说一句:"现在大家都在吃饭,我们再等你 3 分钟。"这就叫做告知,说完了我们就不必管他,让他自己处理,自己做出选择。

日常生活里,在孩子与我们互动的过程中,我们要表现出对他的支持性行动,如:他表现好的、积极的一面,他在某些方面取得了进步,我们要及时给出反馈,表扬他,赞赏他。

亨利·克劳德博士在界限管理中强调一个人的成长,要在 11 种规律中建立起可以学习到的相应的规则,成就一生的幸福人生。

因果律	了解事物是有因果关系的,相应的行为就会有相应的结果
责任律	拥有了权利就要承担相应的责任
能力律	我们完全拥有能力去成为自己,有些能力是需要学习训练的
尊重律	尊重自己才可以尊重他人,尊重他人也就是尊重自己
动机律	起什么样的心,动什么样的念头,就会做什么的事情
评估律	学习三思而后行,任何事情都具有三种以上的选择
积极律	在消极中发现正面的意义,消极就可以转化成积极
平衡律	在平衡中事物才会得到很好的发展,过于绝对会有损耗
嫉妒律	嫉妒让你消沉,嫉妒背后是渴望,渴望会激发强有力的行动
活动律	在活动中以终为始,学习目标管理与目标分解,强调结果激励
显露律	呈现真实的自己,敞开胸怀包容他人,在人际交往中勇于面对尽情互换

这些规律提醒我们,应该引导孩子去探索真理,而不是向孩子灌输我们自认为正确的观点。每一个生命都是在挫折和磨难中追寻并发现真理,每一个生命都可以用最好的方式成为自己,找到自己内在的仁慈,成为卓越且富有正义感的人。

九、满足的底线——需要与要求的区分

在教养孩子的过程中我们知道,每一个孩子都会在他的成长过程中不断地提出对他有好处的需要,他们也在不断地挑战我们的底线,甚至是利用我们大人之间的看法分歧钻空子,会在我们所害怕的地方

一

提出过分的要求,会在人很多的地方或是对他有利的环境中发作。孩子的目的清晰可见,就是满足他的需要。

我们对这样的需要会比较头痛,到底哪些需要是可以满足的,哪些是不可以被满足的,哪些又是可以调整的? 我们需要理清思路。

要求,指的是基本生存和基本价值追求以外的诉求。

允许满足的需要:

✓ 生存必须的需要

✓ 和尊严、仁爱相关的需要

✓ 可以自我创造的需要

不可以满足的要求:

✗ 伤害自身或者是他人的需要

✗ 无法实现的需要

✗ 超过孩子自身年龄阶段的不合理需要

互惠等价的要求:

✓ 满足自我娱乐的需要

✓ 追求卓越或者寻求自我实现的需要

✓ 等价交易性需要

我们会发现,有的孩子看到别人有一双很高端的运动鞋,他觉得这双鞋子非常好,就会以不吃饭、哭闹的方式让父母妥协。在这样的互动过程中,父母会在压力状态下运用原先常用的模式来解决问题,最后的结果往往是以孩子的胜利或父母粗暴的拒绝而告终。

有些孩子甚至跟我谈到："我知道妈妈的软肋在哪里,一旦我妈妈向我提出一个要求,我会有十个方法来对付她。"有这样一个聪明的孩子,真不知是应该庆幸还是应该无奈。

我们可以通过一个更恰当的方式来与孩子互动,并有效地解决问题。我们要考量孩子提出的诉求是需要还是要求。如果是"需要",在生存部分,我们不需要任何理由就应接纳和尊重,甚至给予孩子需要。但是当孩子提出要求的时候,他超越了生命层面的需要,此时我们就要评估,而评估非常重要的一个特质,是权利和责任的等同性。此时,我们可以通过三种自然后果的方式,来呈现权利和责任是否等同。

十、发现我们的需要

在亲子关系的互动和成长过程中,冲突是常见的现象,很多时候,孩子和家长发生冲突的原因,就是双方只看到了自己的需要,而没有看到对方的需要,更没有看到我们的共同的需要。要让孩子理解和面对"我们"这个词,就要引导他对他人的需要给予更多的关注和理解,只有这样,才能很容易发现我们的共性需要。

在游戏互动中,当一方与另一方发生冲突的时候,我们要积极地发现双方共同的需要,可以通过不断地植入"我们"这一词汇,把对方的陈述句变成疑问句,便于孩子更好地关注、理解和认同双方共同的需要。

家庭教养

探索孩子心灵的钥匙

一

※1 我要汽车玩,他不给我。

积极反馈:我们都要玩得开心一点是吗?

※2 我很生气,我不吃饭了。

积极反馈:我们都要好好吃饭,才有力气玩是吗?

※3 爸爸是个坏蛋,他总是不让我看电视。

积极反馈:我们既要看电视又要保护眼睛对不对呀?

十一、理解他人,发展共性需要

当共性需要被满足的时候,生命就产生了凝聚力,就会服务于更大的系统。例如在家庭里,如果每一位家庭成员都能够看到并满足于共性的需要,家庭文化也就自然而然地构建而成了。

人与人之间的互动也是如此,在亲子互动过程中,除了看到我们自己的需要,还要充分地考虑他人的需要,在这个需要中,要更多地看到共同的需要。当一个孩子跟另外一个孩子发生冲突的时候,我们往往会发现他只关注自己的需要,却忽略了他人的需要,更没有朝着满足他们共同需要的方向去努力。

家庭教养

探索孩子心灵的钥匙

一

父母们要培养和激发孩子去发现他人和自我共同需要的能力,让孩子理解到他们在一起玩时的那种快乐就是共同的需要,就是一种生命共性需要带来的感动与自豪。他们会发现,互相满足对方的需要,本身就是在满足自身的需要。在亲子互动中,孩子们需要自己去面对,彼此间的欣赏、感激,彼此身体的触碰,为对方服务的意愿,都能更好地使共同的需要被激发。因此,在亲子关系互动中,培养孩子关注和认识共同的需要是我们非常重要的一个方法和目的。

第四节

我选择我负责——自然后果教育

如何安抚愤怒的孩子？让他赢。孩子在叛逆状态时，情绪处于失控状态，想法夸大、不切实际，如果父母在此时打压他，会让他更有挫败感，更会加大他的叛逆情绪。

如果适当满足孩子的合理愿望，不与他争辩，同时让他明白，我们尊重你，你有自己选择的权利，但是你必须为你的选择负责，用行动告诉他，权利和责任是对等的，不可能只享受权利而不承担责任，效果就会截然相反。

一、后果教育的力量

"老天会收拾你的。"在用这句话描述的时候，往往代表这个人非常叛逆，行为极端，人为的因素已经无法控制，只能寻求自然的力量对他做出惩罚。而这句话的背后也给我们透露了一个规律，那就是：当一个人的教育和教养出现问题，他内在的仁慈和谦卑荡然无存时，他会变得异常的狂妄自大、野蛮暴力，此时，自然力量是我们能够凭借的最后力量。

在亲子教育里也是如此,任何后果实际上就是基于自然规律,人的本性的存在和成长一定遵循自然规律。因此,自然规律是最后的教育屏障,也是最好的教育方式。

(一)逻辑后果

在饭桌上,俊俊就是不想吃饭,总是嫌这个菜不甜,那个菜不美味,颜色不好看。他的妈妈一边哄着他一边跟他说:"你要吃饭,你看你不吃饭以后就长不高,长不高你就娶不到老婆。"孩子天真地看着妈妈:"爸爸也矮,怎么就娶到老婆了呢?"妈妈一刹那无语了。妈妈的表述是不吃饭就会影响身高,会影响发育,可能会影响孩子未来的形象,这是一个逻辑关系的后果,是不吃饭会导致某些后果的一种逻辑关系,但孩子无法体会到这种关系的客观必然性,无法感受到这种后果带来的当下的实际意义。

(二)自然后果

当一个逻辑后果出现的时候,同时,孩子会用另外一个逻辑后果来说服和解释,双方在观点中不断地说服对方,孩子无法感受到自然所孕育的真正规律。而自然后果是:俊俊不吃饭,他到了晚上一定会肚子饿,这个肚子饿的现象就是自然后果。如果他选择晚上不吃饭,那么肚子饿这个后果就是他应该承受的,这个后果是有教育意义的。

如果妈妈说："你晚上不吃饭，一会儿饿了我不管你，同时冰箱里面的饮料和其他东西我都不让你吃。"那么当孩子真的觉得饿的时候，我们就会直接说明在晚饭时我们已经做出了约定。让孩子承受自然后果是给孩子定规矩的一个非常好的方法。

二、如何进行后果教育

（一）了解行为背后的三种自然后果

任何的关系都跟自我、他人和情境三要素相关联。自然后果教育，就是要求孩子在每一个行为的背后都要看到三种自然后果，分别是：与自我相关的自然后果，与他人相关的自然后果，还有与情境相关的自然后果。

在自我自然后果中，我们会看到以下三种："我接下来会接受什么样的自然后果？""从他人的角度来讲，我会给他人造成什么样的自然后果？""在某种特定的环境资源中，我又会得到什么样的自然后果？"

孩子不吃饭导致的自然后果。

A	自我的后果	不吃饭会饿。
B	他人对你的后果	我饿了妈妈会重新烧给我吃。
C	对情境的后果	晚上冰箱里有的是吃的。

（二）引导孩子分析后果做出合理选择

"你选择，你负责。"当孩子选择什么样的行为，就必定会产生什么样的后果，而这个后果需要让孩子能够看到并自己承担。所以在沟通过程中，父母要帮助孩子看到行为背后相对应的自然后果，最好的方式就是由父母描述出两种后果，"你不写作业，等一下爸爸就不会让你看电视（他人对你的后果）；你现在不写，等一下你也就没有时间去和明明下象棋了（自我的后果）！"先让孩子进行思考，然后可以给予第三个后果"晚上做作业到很晚，明天早上就有可能起不来，上学就会迟到（对情境的后果）"。在三种自然后果中，让孩子做出选择，这样的选择会激发孩子能够更真实地看到自己行为背后存在的结果和责任，也只有通过自然后果的选择，才会让孩子知道"我选择，我负责"。

孟母断机的故事，讲的就是这个道理。有一天，孟子不想学习了，逃学回了家，孟母正在织布，看见孟子逃学，非常生气，就拿着剪刀，来到机杼边，把还没织完的布剪断了，说："你荒废学业，就像我剪断这织布机。"孟母通过形象的比喻和生动的后果教育，让孟子自己去做出选择。

（三）"你选择，你买单"而非"你选择，我买单"

很多家长过度地溺爱和宠爱孩子，当孩子由于选择错误面临相应的自然后果时，父母会采取"你选择，我买单"的处理方法。比如，到了吃饭的时候,晨晨就是不吃饭,妈妈劝了他好久也不听。于是告诉晨晨:"如果你现在不吃饭,一会儿就没饭吃了,你就会饿肚子",晨晨答应了。但是过了一会儿,等晨晨玩得真的饿了,他就吵着闹着让妈妈给他做饭,妈妈拗不过就又去给晨晨做饭了。这样的父母给了孩子选择的权利,却又替他承担了选择错误的责任,孩子得不到教训,以后会变本加厉地提出更多无理要求,并且拒绝承担一切相应的责任。

不可以用更多的情境后果对孩子进行控制,有些父母在使用自然后果法一段时间后,发现孩子行为有所改变,立即加快成长计划,突然改变情境后果。比如:世杰每天沉迷在电脑前玩游戏,妈妈怎么劝都不听,一气之下妈妈拔了网线。世杰一时无法接受,愤怒的情绪瞬间爆发:"你神经病啊,为什么拔我的网线!"妈妈通过改变世杰的环境,想要扭转他沉迷游戏的现状,但是结果却适得其反。所以我们不能擅自突然地变化情境后果,应该先和孩子达成共识和约定,循序渐进之后再做出决定。

家庭教养

探索孩子心灵的钥匙

一　　第五节

言传身教的力量

中国有句古话说明了言传身教的重要性,即"子不教,父之过"。把孩子培养成比自己更优秀的人,这是中国父母普遍的心声。通常我们能从一个孩子的身上看到其父母的影子,因此人们也习惯把孩子的优秀等同于其父母的优秀,也让孩子承受了很多原本不属于他们的压力和期待。在社会环境互动中也是如此,当我们看到一个孩子,常常喜欢孩子"你爸爸是谁"而不是"你叫什么名字",言外之意,什么样的父亲造就什么样的孩子。虽然过分夸大父母素质在孩子培养中的作用是不对的,但也不可否认父亲在家庭教育中言传身教的重要性。因为男性力量可以帮助孩子建立清晰的逻辑思维、推动孩子强而有力的行动,当教育遇到问题,父亲也可以更好地面对和处理,增加孩子选择的能力。行为叛逆的孩子,往往与父亲的沟通不够,没有接受或者是学习父亲所具有的男性力量。

言传身教对孩子的学习和成长实践具有重大意义,父母的一举一动,都可能被孩子学习和模仿,在孩子的很多行为中,我们可以看到其父母的缩影。很多叛逆的孩子早期在家庭言传身教中就没有接受过

后果教育,不会设定清晰的界限。言传身教不仅是重要的家教方式,也彰显了家风教育的魅力。延伸开来,我们可以从六个方面来看:

行为示范;

积极处理家庭冲突,家长达成共识,让孩子无空可钻;

处理好自己的叛逆情绪;

给孩子规定清晰合理的界限;

参与家庭觉察;

学习与成长。

一、行为示范

首先,我们要做好行为的示范和引导。叛逆的孩子往往有强烈的情绪,如果进行适当的引导,就可以转化成强大的行动能力。我们要向孩子示范,用行动教给他们怎样控制情绪,如何与他人进行人际互动,如何表达自己的需要,如何理解别人,如何约束自己的行为,让孩子清楚地知道用什么方式能够让自己的行为更加有效。

在行为示范过程中,我们可以看到几种不同的角度:

(一)行为强化要适当考量,为不同年龄段和不同性格特点的孩子量身定制成长计划;

(二)在行为示范过程中,我们要善于把大的行为目标分解成一个个小的目标,具体化实施;

（三）在行为示范过程中,让孩子自己来体验,我们在一旁充当观察者,评估孩子学习的效果;

（四）行为示范要有目标计划,在循序渐进的推进过程中,让孩子有"赢"的感觉。同时适当地增加他的挫败率和挫败感,因为这样可以激发孩子不断地调整和超越自我;

（五）在行为示范过程中,我们要激发孩子积极的情绪体验,开启孩子的好奇心。当孩子在行为示范学习过程中无法完成目标的时候,我们要给予孩子更多的同情、支持和理解。

二、积极处理好家庭矛盾

家庭成员之间对孩子的教养方式要达成共识,要降低家庭成员之间发生冲突的概率,防止家庭成员之间出现互相排斥和攻击的状况,不要让孩子有机可乘。

当我们否定一些人的时候,其实是给孩子提供了更多叛逆的理由,我们应该寻找家庭成员之间的共性需要来降低家庭冲突,营造和谐的家庭氛围。

家庭冲突往往是由家庭成员个人主观的偏见导致,他用批评或建议其他家庭成员的方式来满足自己的内在需要,强调自己在家庭中的影响力和贡献度,希望得到他人更多的认可和关注。当家庭内部充满冲突时,我们就丧失了对孩子的监督权。

以下几条建议便于我们更好地处理家庭成员之间的冲突。

（一）当某个家庭成员对其他家庭成员有很大意见时，要善于把负面力量转化为正面力量，并给予孩子更多的支持。

（二）当家庭成员之间有很多无法妥协的冲突时，我们可以用"搁置"的方式来解决，通过寻求共性的需求来缓和家庭成员之间的冲突，寻求更好的亲子教育方式。

我们在这里举一个在家庭冲突中比较常见的例子：妈妈不让孩子吃糖，奶奶心疼孩子，偷偷给孩子糖吃。而妈妈往往会在孩子面前抱怨奶奶的教育方式，并对孩子说，奶奶的做法是错误的。这种教育方式是不可取的。其实妈妈可以用另外一种方式来和孩子沟通："奶奶给你糖吃，是因为她也非常爱你，只是妈妈问你，吃了糖以后，你的牙齿会怎么样？"在这里，我们能非常清楚地看到这两种沟通的区别，把事情的后果呈现给孩子看，而不是去批评另一个家庭成员对孩子造成的教养冲突，能够让孩子在平和温馨的氛围中思索，自己做出合适的选择，同时也培养了孩子的自我管理能力。放弃孩子的教育而去寻求问题的是非对错，本身就是教育的本末倒置。寻找家庭成员之间的共性需求，能让我们的家庭教育变得更有持续性和一贯性。

三、管理好自己的愤怒情绪

如果一个家庭里有叛逆的孩子，往往会出现叛逆的家庭成员。在

家庭教养

探索孩子心灵的钥匙

一　　教养叛逆孩子的过程中,父母很容易被他的叛逆行为激发出过激的情绪,这时要及时发现自己的需要并调整自己的情绪。

当父母感到被激怒时,可以尝试以下六个步骤恢复平静:

(一)自我询问:"我现在感觉怎么样?""我有什么样的想法?""我还能否承受他的叛逆行为?"

(二)呼吸调节:此时此刻,要把注意放在自己的肩部,让自己放松,通过数数的方式让自己更加平静,"我现在的呼吸急促吗?我呼吸的时候整个身体是什么反应?"

(三)情绪回归:对自己提问——"我现在是什么样的情绪?我的情绪可以面对他现在的行为吗?我能否静下来,调整好我的情绪去面对我那叛逆的孩子?我的情绪等级如何?"

(四)确定需要:孩子需要什么?他需要一个什么样的结果?他需要的是拥抱、鼓励、清晰的方向还是行动指南?他的身体是如何表达他的需要的?

(五)理解与倾听(同理心):假如是我,我会怎么做?他言语的背后有什么期待呢?我是如何理解他的感受的?在他描述的情境中,如果是我,我会有怎样的感受?

(六)积极行动:我现在可以做点什么?我如何帮他行动起来?我们的目标是什么?我应该如何来完成这个目标呢?

四、给孩子规定清晰合理的界限

言传身教告诉我们,父母需要给孩子建立非常清晰的界限。要做到这一点,父母需要先想明白:在处理亲子关系的时候,我们的底线是什么? 我们可以满足的是什么? 我们需要拒绝的是什么? 我们如何让他更有界限? 我们如何利用界限的原理让他成长?

我们要清楚地知道孩子在家庭中,他应该学习哪些界限,同时家长需要给出清晰合理的界限:

(一)孩子没有资格和理由不断批评自己的父母;

(二)孩子在家庭中不享有特权,但具有一定的空间独享权和私密权;

(三)他作为家庭成员,应当尽一些力所能及的家庭义务;

(四)如果他是老大,他就有责任和义务支持自己的弟弟和妹妹;

(五)他应该参与家庭会议和娱乐活动;

(六)知道家庭的每一个成员如何为家庭做出贡献,了解家庭目标,并明确自己与家庭目标之间的关系。

五、参与家庭觉察

每个原生家庭都有意无意地遵循着生活的规则,而这些规则往往

家庭教养

探索孩子心灵的钥匙

一

就是父母所认为的能够保护孩子平安健康成长的基本。比如,要听爸爸妈妈的话,不听话的孩子在父母及长辈的眼里就不是"好孩子"。但是,过度言听计从反而会制约孩子思维能力的发展,通常会使孩子长大之后变得没有主见、不会思考,只会逆来顺受。

家庭生活的规则要随着孩子的成长而改变,父母应定期和孩子一起坐下来好好地想一想,讨论一下,让孩子参与家庭觉察。

首先,整理原有的家庭规则。在这里,我们可以尽情罗列出现有的家庭规则,不论好坏,不管是否合理,都在纸上写下来;

比如:

自己的私有物品不能侵犯(日记、信件及手机不可以偷看,书包不可以翻看等)。

自己的事情自己做(整理自己的房间,睡前整理书包等)。

物品归位(不乱扔玩具、书本,不乱扔垃圾、衣服等)。

其次,父母与孩子一起讨论,保留那些合理的、积极的、人性化的东西,删除那些不合理的、消极的、非人性的语言和行为;要增加哪些,又要严禁哪些。

最后,父母与孩子一起签订这份需要全家人共同维护与遵守的家庭规则,并定期开家庭会议讨论是否需要修订。

通过亲子共同参与家庭觉察这一过程,能够使父母与孩子双方都学习到家庭中的一些期待,消除家庭中的一些不良因素。萨提亚家庭治疗理论认为,良好的家庭规则会促进家庭成员的健康成长。父母也能通过让孩子参与家庭觉察过程的方法,有效帮助孩子平稳地度过叛逆期。

六、学习与成长

在孩子茁壮成长的同时,父母也要不断地学习和成长,要不断改进自己的方法和策略,增近亲子关系的互动。孩子会从父母身上学习到一些方法,反过来将其作为应对父母的策略。所以作为父母,要不断地超越自我。

如今,社会已经发生了很大的变化,孩子的需求迅速从物质需求扩大到精神需求,父母如果只提供简单的物质需求,就无法满足孩子精神需求的增长。同时,我们要非常清楚地知道,所有亲子教育方法的真正实施都需要人性的支持,要提供这种人性的支持,需要父母积累长期的实践经验,以及不断激发内在的慈爱。

亲子教育工具的实施,强调综合运用,在每一种工具的使用过程中,父母也会不断面对来自孩子的试探和磨合。处理好家庭冲突能让这个家庭更有温度,当家庭面临冲突的时候,作为父母的我们要更善于发现危机中存在的机遇。

我们要学习和提升自身的情绪管理能力,提高语言表达能力,提升自我修为,促使自己更好地完善生活目标和人生目标,给予孩子更好的互动和示范以及陪伴。当今父母教育的本质就是培养更有力量、更有目标感、更有智慧的智慧父母,同时推广优质的教育方法。唯有

家庭教养

探索孩子心灵的钥匙

真实、仁慈、支持、关爱以及和谐的教育体系，才能让我们在亲子关系中彼此受益。

知识驿站 如何转化愤怒 ···

在不同阶段，孩子的需求也不一样，如果做父母的忽略他、打压他、溺爱他，孩子的需求就得不到真正满足，如果父母再对他要求过多，就会出现叛逆，因为孩子觉得只有叛逆可以让自己舒服点。

在每次父母和孩子之间的冲突事件得到解决之后，父母可以和孩子坐在一起讨论，鼓励孩子表达自己内心真实的想法："上次我发脾气，我觉得自己做得不对……"父母也要积极回应，勇敢承认自己的错误，给孩子足够的尊重，并讨论下次遇见类似的事情时，应当如何解决，少问为什么，多问怎么办，商讨最佳的解决办法。

愤怒如何转化 5 步曲

倾听者：请描述一个与他人互动的事件与感受：

1. 当……（描述事件）

2. 我觉得……（标明情绪）

3. 我的想法是……（省察自己的思维）

4. 我所需要的是……（探索心理需求）

5. A. 我的建设性想法是……

　　B. 我的建设性行动是……（可以帮助我与对我重要的人重建关系）

※ 举例说明

描述事件：	当我听你说你和最好的朋友产生了矛盾。
标明情绪：	我觉得你内心是很难过的。

家庭教养

探索孩子心灵的钥匙

省察自己的思维:	我的想法是你们从小到大,一直视对方为彼此最好的朋友。
探索心理需求:	我期待你可以更多地站在对方的角度来看问题,也许会有更多的发现。

我的建设性想法是……	我觉得你这几天可以邀请他来我们家做客,好好地沟通一次。

人类是群居动物，可是现在的很多孩子仿佛像胆小的雏鸟，不敢和朋友玩耍，也不敢独自飞翔，只会躲在父母的翅膀底下，让父母替自己解决一切困难和风雨。大多数的父母都对孩子的这种状况不知所措，只能顺着孩子的心意，替他们想好一切，劳心劳力。然而这绝非长久之计。与人交往是孩子在今后人生中必不可少的生存技能，我们的一味保护，只会抑制孩子的成长。从现在起，我们就要学会如何引导孩子敢于进行人际交往，勇敢地从我们的保护中走出来，开始接触更广阔的世界。

第五篇

让孩子拒绝『孤单』

第一节

孩子不合群——人际关系的失败

"妈妈，你别走……"希希拉着妈妈的衣角，无论老师怎么说、怎么哄也无济于事。"妈妈等到下午就来接你了，晚上给你做爱吃的排骨，好不好？"希希胆怯地点着头，可是拉着妈妈衣角的小手却抓得更紧了。这是每天都要在希希的幼儿园门口上演的一幕。希希妈妈对孩子的表现很焦虑，却也毫无办法。

生活中，像希希这样的孩子并不少见，他们"胆小、少言寡语，既不敢离开父母亲人半步，也不敢和别的小孩子玩"。让很多父母看在眼里，急在心上，但又无可奈何。

刚脱离家庭温暖怀抱的孩子，容易对外界陌生的环境和人际交往表现出怯懦和胆小。一般情况下，经过一段时间，孩子就会对周围的环境渐渐适应，并且逐渐拥有朋友和自己的关系圈。遗憾的是，总有一些家长没有意识到要去提高孩子的社交能力，去激发孩子人际互动能力，当别的小孩子都开始跟新朋友一起玩的时候，他们家的孩子依然独自玩耍，不敢和其他人交流，也不敢主动和别人说话。直到这时，他们才意识到这是一个比较严重的问题，于是就开始焦虑和担心。

家庭教养

探索孩子心灵的钥匙

一

　　希希进入幼儿园的时间不短了，但是迟迟不能适应。一大早来到园里，总是用戒备的眼神看着同伴和老师，虽然不哭也不闹，却老是一个人独自缩在一个角落里，既不肯加入到小朋友中间来，也对小朋友们开展的游戏活动丝毫不感兴趣。看着希希瘦小的身体、难得有一丝笑意的脸蛋，老师心生怜意，主动和他拉近距离，逗他开心，可即使是善意的亲近，希希也会抗拒。希希不仅抗拒老师，也抗拒自己的小伙伴。除了喝牛奶、吃点心的时间，其它任何时候他都不喜欢和大家呆在一起。每当希希闯了祸，挨了老师批评时，他就更加沉闷、孤独，对别人不理不睬，让家长和老师对他更加束手无措。

　　除了幼儿园的孩子，青春期的孩子也会出现类似的情境：他们一边塞着耳机，一边拿着电脑，面无表情地玩着自己所谓的游戏，对外在的事物和环境缺少热情，拒绝参加各种社交活动，也不积极参与社团组织。他们在行为上表现为个人生活习性退缩，如"不理发、大部分时间都在床上"，所有时间几乎都在自己非常私密的空间里度过，在孤寂中，他们的内心世界慢慢地开始迷失；在社交中往往表现为冷漠、冷淡、缺少话题，没有积极的互动，情绪呆板，与人交往有一定的困难，只会简单的问候；内心充满孤单，却又非常在意别人的反应和看法；追求个性化，却又做一些另类的行为：打耳钉、文身等，没有很好的生活习惯，盲目追求个性化。像这样的大孩子，现在比比皆是。

第二节

孩子为什么总是退缩

现代社会,抑郁症这类心理疾病就如同感冒一样普遍。我们发现独生子女家庭中的孩子更缺少互动。在刚出生时,孩子往往对任何事都积极主动、充满好奇。慢慢地随着年龄的长大,渐渐地对身边的事物没有热情和兴趣,对外界的环境越来越排斥,出现了与年龄段不相符的退缩行为,进入成年后很容易消极沉默。

不论我们想以什么样的理由躲开人群,都无法避免和其他人接触,所以从小培养孩子的社交能力就变得非常重要。但是有些孩子就是像"希希"一样,不喜欢融入周围同龄人的圈子,总是沉迷在自我的世界中。

沉迷于自我的孩子,是因为被排斥、胆小、朋友圈子狭小,还是他们就喜欢用孤单的独处,还是他们没有兴趣和他人积极互动? 带着这些疑问,我们来探讨一下孩子在各个阶段退缩的原因,看看为什么孩子的人际交流会如此困难。

家庭教养

探索孩子心灵的钥匙

一

一、性格内向，沉迷于自己的世界（我不喜欢说话，因为我感觉不到）

有一部分不爱说话的孩子本身真的不敏感，对各种感觉缺少敏锐的反应能力，这样的孩子，父母一开始会觉得他非常乖，不哭不闹；稍微长大一点，就会发现他们偏于内向，很少主动和别人聊天，就算妈妈在身边，他们也显得不那么热情。这样的小朋友一旦进入陌生的环境，可能就会显得无所适从，甚至害怕崩溃。然而这些现象也都表明他们是很独特的孩子，这些"独特"的孩子并不是真的喜欢与世隔绝，只是他们认为退缩到自己的世界里面，比适应现实的世界更加容易。

内向性格的孩子的行为有一些特点：

※ 热身很慢，先要观察；

※ 很容易不知所措，或者是沉默；

※ 容易脸红、低头、回避别人的眼光；

※ 交流的时候声音很小，沟通中不知道如何回答问题；

※ 害怕被老师点名或者提问；

※ 不敢向别人求助；

※ 不喜欢公共场合和课外活动；

※ 害怕负面评价和批评；

※ 经常身体紧张,考试前焦虑不安;

※ 恐慌,以及做出假装生病等逃避性行为……

我们都知道,沉迷在自己的世界里,长久地发展下去,孩子将觉得人生没有意义,会失去对生活的热情和探索精神。而且,对这样的孩子,如果没有很好地从小激发他的好奇心,在他长大以后,会对自己的生活和工作产生极大的影响,很可能会得过且过,消极怠惰,因为他们没有更多勇气去面对全新的环境。身为家长,我们要从小锻炼孩子的社交能力和技巧,不可对其放任自流。

二、害怕被冷漠对待(他们玩得那么开心,我也想和他们一起玩,可是我和他们不熟,好害怕他们拒绝我。)

很多小孩子在第一次主动和同龄人交流时,会表现出胆怯,其实主要是害怕自己的主动换来的是拒绝。有时候这种紧张和焦虑,反而会导致其他孩子更容易用冷漠或忽视的方式来对待他,孩子就会更加恐惧和退缩,陷入恶性循环。由于害怕"不良的人际互动结果的预设"带来的恐惧,孩子们往往会逃避和同龄人接触,只是在一旁看着别的小朋友们玩,或者是等待其他小朋友主动邀请。对于这种孩子,家长要做的就是更多地去了解这些孩子的行为方式与退缩的原因,帮助他们做计划和调整及时,引导孩子变得更主动、更勇敢。

三、父母的过度保护（你们的爱包裹得我喘不过气，每次去公园，都是爷爷奶奶抱着我，玩秋千和旋转木马也是他们陪着，我看到很多同龄人在我身边跑来跑去，我想加入的时候，爷爷奶奶就会说跑来跑去会受伤，伤了就会疼，我一直被保护着，几乎没有机会和小伙伴们一起玩。）

现在很多家庭的孩子，自出生起就被家人"圈养"起来，各种照顾、宠爱，但太过紧密的家庭陪伴，让孩子缺乏和同龄人交流和玩耍的机会。除去上幼儿园的时间，孩子的其它时间都和父母长辈在一起，虽然被照顾得无微不至，但这个"无菌箱"其实是会阻碍孩子成长的。家长总是喜欢对孩子说："小心点……不要跑……不卫生……不许玩……不要碰……磕到怎么办？"孩子在被保护的过程中慢慢地行为退化，变得乖巧顺从。

宇轩的妈妈带着宇轩来咨询，说最近这段时间发现宇轩越来越沉默，总是一个人发呆，对此，妈妈非常担心。随着咨询的渐进，我们慢慢走进了宇轩的内心世界。宇轩今年刚上小学三年级，从小生活在外婆家里，外婆一直对他非常宠爱。每年暑假，小伙伴邀请他一起去游泳，外婆总是用制止的口吻对他说："太危险了，咱不能去。"宇轩最初也会积极地表达："外婆，可是我真的很想和他们一起去游泳。"于是外婆又说："万一出现意外怎么办，你要听话。"宇轩只能目送小伙伴们离开，远远地看着他们离去的背影；当他看到其他朋友去钓鱼，对外婆表达"外婆，我要和他们一起钓鱼去"时,可是外婆又会说:"宇轩,钓鱼把衣服搞得很脏,我们要听话,有什么好玩的";他的朋友邀请他一起抓泥鳅,也被外婆制止了。

有一次,宇轩偷偷和几个朋友去外面玩"打水漂",玩得非常尽兴。在路上,大家意犹未尽地练习打水漂的手法,一不小心,一个叫素馨的小伙伴竟然误打到了刘叔家的窗户玻璃,玻璃碎了一地。刘叔气呼呼地冲出来质问:"谁干的?"素馨紧张得不得了,慌忙低着头说:"不是我,是宇轩。"这时候,大家异口同声地说"窗户是宇轩打破的"。于是,刘叔拽着宇轩来到了他外婆家,把事情的来龙去脉告诉了宇轩外婆。外婆质问他:"宇轩,你怎么这么不懂事,居然把刘叔的玻璃打破了,快向刘叔道歉!"宇轩反驳道:"我没有。""不是你,那是谁干的?""是素馨打破的。"外婆说:"那他们为什么说是你打破的呢?"宇轩非常委屈地哭着回答:"他们冤枉我,真的不是我。"外婆生气极了,连忙向刘叔道歉。

事后,外婆语重心长地对宇轩说:"记住,你要乖,不要跟他们一起玩,你要听话一点,你是城市里的孩子,你和农村的孩不一样,不要和他们一起玩,等你上了初中就要回到城市里去。"宇轩也很难过,想:"为什么他们总是冤枉我,以后再也不跟他们一起玩了。"后来宇轩就真的再也不出去玩了,每次都是独自静静地待在家里看书,变得越来越沉默,经常一个人发呆。

过度保护的方式过分渲染了自我保护所带来的好处,没有真正面对冲突,而是让孩子逃避现实,导致孩子的内心没有得到自由的成长,智力和情商没有得到应有的发展。像宇轩这样的孩子,在他的童年没

一

有做过一次出格的事情,比如抓蝴蝶、捣马蜂窝、烤红薯、钓青蛙等,外婆的教养就是一味地强调"乖巧、听话、顺从",而他也不折不扣地接受了。后来,他在喧闹的环境中往往会选择退缩,内心总是感到孤独;当他长大工作后,在职业生涯中也始终找不到归属感和安全感。

美国认知行为心理学家、全世界自闭症研究第一人斯坦利·格林斯潘教授提出:"没有什么事比玩耍更能够激发孩子的热情,没有什么比同龄人之间的玩耍更能让孩子健康成长。"人与人之间的交往是必不可少的,家长不可能一辈子守在孩子的身边,适当地放手,会让孩子快速从"温室的树苗"成长为"参天大树"。不要等孩子想要松开你的手说"妈妈,我想要自己去"的时候再放手,那时往往为时已晚了。

四、缺少互动经验(为什么大家都在一起玩,只有我孤零零的在一边,我没有和别人一起玩过呀,怎么办才好。)

本书的第一章中,我们谈到了奇奇,他喜欢用暴力的方式来表达自己的爱和喜欢。之所以会用这种令人匪夷所思的方式表达情感,正是因为奇奇缺乏与同龄人的互动经验。

现如今的孩子入学前,大多只和父母长辈一起生活,自己玩耍,和同龄人之间的交流比较匮乏。工作了一天的父母下班回来,也很难陪伴孩子,疲惫让他们对孩子说:"自己玩,妈妈累了""自己吃零食,别打扰妈妈看电视。"类似的状况导致孩子缺乏与外界交往的锻炼,当面对一个新环境或陌生人时,就会更加孤僻。

孩子缺少互动经验,其实就是缺少同伴群体的支持,缺少对友谊的了解,缺少外在的支持,缺少自尊和自我价值的建立。他们在人际互动中,无法准确地理解其他人的面部表情、语音语调、肢体动作,无法及时做出恰当的反应,慢慢地,其社交能力就会退化。

这些孩子在成长过程中的行为表现如下:

※ 沉默、喜怒无常,容易挫败;

※ 呆板的互动方式;

※ 拥有一些独特的兴趣(比如讲鬼故事);

※ 看起来幼稚或缺少朋友;

※ 行为粗鲁,时有莫名其妙的行为;

※ 自我感觉很优越,狂妄自大。

这样的孩子往往不被人认可、接纳,更糟的是他们无法理解为何会这样,丝毫没有意识到正是自己的行为导致了他人的疏远。

五、过度沉浸在自我的世界里(他们凭什么不听我的,谁都不能分享我喜欢的东西,我才不和他们玩呢。)

飞飞5岁了,一直沉浸在自己的世界中,是个不讨人喜欢的孩子。

一

有一次，飞飞在家里大闹了一场，他给自己用塑料积木做成的玩具起了一个和自己一样的名字，并拿着它打乱了大人桌子上的麻将，妈妈怎么哄他都不行，最后，妈妈的朋友都很无奈地走了。妈妈虽然尴尬，但也很理解飞飞，他很孤独，想要大人陪他玩过家家。妈妈并不是没有陪他玩过，但是，飞飞一玩就是半天，大人已经筋疲力尽了，他依然乐此不彼，用妈妈的话说就是"简直要崩溃了"！在与别的小朋友玩的时候，飞飞也感觉不到别人的厌烦或不耐烦，自顾自兴高采烈地分配着任务，模仿自己喜欢的角色的嗓音说话，就算别人不玩了，他一个人也要把游戏继续下去。

遇到飞飞这样的孩子，父母肯定要崩溃，无论自己怎么做，似乎都触及不到孩子的内心。这种过度沉浸在自我世界里的孩子，先天感知能力弱，对周围的事物不敏感，不懂得察言观色，他们生活在自己构造的世界里，无法与他人建立连接。对待这样的孩子，父母需要更多的耐心，接纳并帮助孩子走入现实世界。

六、不善于处理冲突（不论我怎么努力去引起他们的注意，最终都只会让人讨厌我。上次我只是把我喜欢的小蜻蜓放在兰兰的铅笔盒里，她看见以后不但不高兴，而且还哭了，真搞不懂，我一不小心就会惹他们生气，难道是我做错了吗？）

这类孩子在和朋友相处的过程中，常会因为交流问题发生冲突。

有时候,他们过于自我,不考虑别人,把小矛盾变大,最终影响他们的社交关系。举个例子:我常在公园里看到孩子发生争执,一个哭一个喊,父母走过去问孩子怎么回事,一个孩子说:"他玩滑梯的时候不排队,还踩我!"另一个孩子争辩:"分明是你站在这里一直不滑下去我才踩你的……"这其实只是非常细小的矛盾冲突,但由于孩子的处理方法不当,就会引起更大的争吵,甚至引发孩子之间的"战争"。

对于不善交际的孩子来讲,面对争执,他们可能连反驳的勇气都没有。过度的紧张使他们无法清晰地说明事情的原由,而只是束手无策地站在那里。这样的反应方式难免会让孩子在争执中"吃亏",让他们更多的遭到大人的批评和嘲笑,而受到打击的孩子的行为也会更加的退缩。同时,这样的反应方式也会使他被别的孩子欺负,类似的负面的争执事件也就时有发生。这时,他的父母往往会一边批评一边告诉他不要再去玩了,而这种不正确的解决方法会把孩子隔离在人际交往之外,导致他更加不善交际。

七、内心的恐惧(我害怕,请离我远一点,我自己玩就好。)

对于未知事物,我们都有恐惧心理,孩子也不例外。但是如果任由这种情绪一直控制我们的大脑,我们就只能永远做为孤独的存在。

凌晨两点钟,路路妈妈听到隔壁房间里传来了女儿哭泣的声音,妈妈非常紧张地跑过去,看到路路正把头钻在被子里抽泣。妈妈立即

家庭教养

探索孩子心灵的钥匙

一

掀开被子,发现路路满头大汗,看到妈妈进来,立刻抱住了妈妈的脖子。妈妈问路路:"宝贝,怎么了?"孩子说:"妈妈,我害怕!""别害怕,有妈妈在,是不是有谁欺负你了?""是的,大坏蛋,那个恐龙一直追着我,我怎么跑也跑不动,我快要被它吃掉了。"

类似的噩梦在幼儿园的孩子中并不少见。孩子往往会因梦中的情景感到恐惧,并且从梦中惊醒。这种现象通常跟孩子以前的恐惧性体验有关联性。大脑的海马体是负责记忆的中心,它们从孩子真实的见闻中攫取碎片组合起来,就形成了梦境。

再给大家举个实例:还没到放学时间,小蕾就回家了,正在做饭的妈妈看到她脸色苍白,一手按着肚子,就问她:"怎么了,你身体不舒服吗?"小蕾说:"我今天肚子痛。"妈妈担心地说:"那你明天考试怎么办?"发现小蕾听到"考试"两个字时,脸色变得更加难看。妈妈突然意识到,每一次考试时,小蕾的心情都会很糟糕,有时候还会出现头晕、恶心、发烧等症状,妈妈说:"你去床上躺一会儿,等一下我做好饭叫你。"片刻休息并没有带来太大的改观,小蕾在吃饭的时候仍然愁容满面,一顿饭吃得索然无味。她的这些生理表现是否跟考试有关呢?像她这样的孩子,为什么身体会出现异常?她的背后又发生了什么样的故事呢?

在孩子出现类似情况的时候,我们往往会用"考前焦虑"这样的词汇给孩子定义。这种孩子往往在考试的时候因为恐惧而出现头晕、恶心、发烧等现象,表面上的不适背后隐藏着的,是对未来的恐惧和不确定性。他们害怕考试失败后父母投来的异样的眼光,也害怕考试失败破坏自己在老师和同学心中的形象,因此内心充满恐惧。而这种恐惧又会触动大脑的脑垂体。小蕾的记忆中心充满着考试失败的画面,她的海马体全部把过往的情境进行加工,这是她恐惧的来源。她如果在恐惧中走不出来,那就是非理性恐惧,是大脑杏仁体的作用超越了大脑皮层的作用,也就是说我们的大脑被杏仁体绑架了,表现在外在,孩子就会想尽办法逃离恐惧,拒绝恐惧的存在,就会选择退缩的行为。

恐惧性情绪,对退缩性孩子来讲,是非常常见的情绪,最容易引发孩子产生退缩、发呆、焦虑、茫然、无助、紧张等反应。但恐惧性情绪也是我们最大的保护性情绪,在适当范围内对我们有警觉作用,是我们能够防范和预测危险,同时它也是一种智慧。因此,我们要学习利用恐惧性情绪的正面价值,让孩子学习和掌握战胜恐惧的技巧,更好地帮助自己从恐惧性情绪中抽离出来。

八、无法理解他人(我才不需要理解你们呢,我开心就好,谁要管你们的感受。)

无法理解他人即缺少共情的能力,缺少共情能力的孩子往往会无法处理好自己的情绪,同时也无法面对他人的情绪。正因为他无法感知到他人的情绪变化,所以也就不知道如何调整自己的行为去更好地进行人际互动,更谈不上去面对和处理人际关系中的各种冲突。

家庭教养

探索孩子心灵的钥匙

一

在人际交往中,解读他人的能力取决于情商的高低,我们捕捉到以下的信息才能理解他人。

※ 肢体语言;

※ 动机与意图;

※ 身体的姿态;

※ 性格与气质;

※ 情绪以及动态变化;

※ 面部表情与微表情;

※ 语言模式的特点;

※ 幽默与嘲讽、建议与批评的区分。

自私的孩子通常会以自我为中心去处理事情,久而久之就会被周围的人孤立。在人际交往中,不仅要看到自己的利益得失,更要考虑到伙伴的利益得失。只有关心朋友,朋友才会关心自己。但是由于家人的溺爱,很多孩子缺少这种同理心,导致他们在交往中失去人心,变成被嫌弃和厌恶的对象。

小丽欺负了雪儿,老师告诉小丽妈妈:"雪儿在做手工的时候,小丽看她做的花不错,就偷偷地拿了雪儿的几朵花藏起来。"

妈妈回家问小丽:"你为什么要拿别人的东西呢?"她怯怯地回答道:"我看雪儿的花做得比我的漂亮,就忍不住拿几个过来了。"

很明显，小丽只站在自己的角度思考，却没有意识到未经别人的同意不能随便拿别人的东西，缺乏对别人情感的理解，无法知道自己的行为对别人造成的伤害。

我们的孩子很多时候也有这样的状况，自己的利益受到损害，愿望得不到满足，就用别人的东西来弥补，他们不会考虑他人的感受，也感受不到他人的痛苦。

九、过往的创伤性体验（我害怕出丑、害怕被人笑话，我再也不要去做！）

有些孩子的退缩行为，是由我们平时所说的心理阴影造成的。比如孩子在跟同龄人交往的过程中，经历过被冷落和被欺负的场景，这些经历在孩子脑海中转变成一种可怕的记忆，当这样的记忆遇到相类似的情境时，孩子就会被负面情绪所控制，就如同有一个主管负面情绪的按钮被按下了一样。在心理学上，我们称这种现象为"情绪按钮"。"情绪按钮"控制着孩子在人际交往时的情绪表现，让他们恐惧或者害怕与人交流。

小罗刚升入幼儿园，信心满满地要和朋友好好相处，但是有一次他在喝牛奶的时候不小心洒了一身，被周围的小朋友嘲笑，之后，他就再也不敢主动和别的孩子一起玩了，总觉得自己还会被笑话。老师让他去和别的小朋友一起玩，他就会哭着说："我不要，我不要。"接着就

146

家庭教养

探索孩子心灵的钥匙

一

嚎啕大哭。

对于这样的孩子，我们需要更多的理解、陪伴、鼓励和保护。通过情境模拟的方式，让孩子从这种消极的心理阴影中走出来，乐观地面对生活和朋友，而不应让孩子沉浸在这种痛苦而可怕的体验中，更不应让消极记忆影响他今后的生活。

第三节

闭环沟通——让孩子走出自我世界

为了避免孩子产生退缩行为，沉迷于自我世界，我们需要让孩子们挑战自我，在他们一开始还没有建立起对抗孤独的免疫系统时，就通过营造和善的家庭环境和良好的人际关系来温暖孩子，就在生活和实践中，激发他们学习如何与各种各样的人进行交往，建立情感的连接。

但是，对于已经出现退缩行为的孩子又该怎么办呢？激发他们沟通互动的热情是首要环节。

在沟通前，最直接的方式就是让他们的身体动起来，我们可以通过各种不同的动作、声音、触觉、色彩，以及大量的游戏等跟退缩型孩子进行互动。在互动中首先是激发他的感官刺激，让他们自己的身体变得兴奋起来，在兴奋中享受身体所带来的乐趣，并且还要让孩子在这种快乐的情绪里多逗留一点时间，让身体变得更加活跃。

有一点需要提醒的是，退缩型的孩子，当他们沉浸在自己的世界里的时候，和他们沟通会变得非常困难。让他们参与到游戏中来时，往往需要很长的时间来热身，同时需要家庭成员不断地捕捉他们的兴趣点。这对于父母来说是一个极大挑战，需要付出极大的耐心。

一

一、闭环沟通

沟通是一个信息与另一个信息交换和流动的过程,因此,沟通是由两个基本要素所组成:一个是信息的发送者;一个是信息的接收者。

从信息发出者的角度来讲,他发出的信息必须充分体现出他自己真实的意愿、想法,甚至是动机。而对于接收者来讲,他需要对发送者的信息通过自己的理解,进行解读和编码,根据自己理解的意思再编译成属于自己的观点和想法以及感受,然后再做出反应,发出自己的信息。同样对方也是如此,再一次的接收—再一次的编译—再一次的发出,这样沟通是一个连续循环的互动过程。

当一个人发出的内容不清晰,或者发出去的部分信息是有错误的,或者接收者无法精准地捕捉信息,无法跟对方完成一个良好的循环互动的时候,沟通就会出现障碍。

假设 A 发出去信息,B 完全清晰地捕捉到,同时对 A 的信息进行清晰地解读,并作出正面积极的反馈,也满足了 A 发出信息的需求,在这样的表达过程中,就形成一个沟通的闭环。也就是说:发出—接收—再发出,发出者通过发出意图,接收者通过编译、解读和再发出意图,满足了发出者的意愿,这就是闭环沟通。

下面,我将举例子充分说明,在不同的沟通过程中会出现什么样的结果。

A 岩岩放学回到家,妈妈问她:"今天幼儿园里的小朋友听话吗?"

B 岩岩回答:"我们都很听话的,特别是朋朋今天吃了两碗饭。"

A 妈妈又问她:"朋朋吃两碗饭,你吃多少?"

B 岩岩回答:"我吃一碗就够了。"

A 妈妈问:"为什么你吃一碗,他吃两碗?"

B 岩岩回答:"因为她妈妈没给她准备零食。"

上述例子,就是一个很好的闭环沟通,在 B—岩岩与 A—妈妈一问一答中,A 发出一个信息,B 能接收到这个信息,并对信息作出回应,B 的回应是建立在对 A 的理解基础上,这样就完成了一个良好的闭合型循环沟通。

一

二、开环沟通

与闭环沟通相反的是开环沟通。

所谓的开环沟通,就是当 A1 发出信息时,B1 无法捕捉,或者是 B1 捕捉到信息之后,由于无法组织自己的思维,不能清晰地表达自己的思路,可能又会表达一个全新的观点,或者是自己又把它作为 A1 的出发信息。在这种情况下,一问一答沟通方式无法完成,A1 和 B1 的沟通,就变成了一个开放环,而开放环的沟通方式往往就会导致了沟通的失败。

我们假设她们的沟通方式是这样的,岩岩放学回到家:

A1 妈妈又问她:"今天下午幼儿园里面有发生什么事情吗?"

B1 又是 A1,岩岩回答:"妈妈,晚上我要听爸爸讲故事。"

A1 妈妈再问:"爸爸晚上没有空,不一定来讲哦!"

B1 又是 A1,岩岩看了一下墙壁,又指着墙上的壁画问妈妈:"妈妈,我们后天就可以玩了,是吗?"

上述沟通中,我们可以清晰地看到 A1 发出信息时,B1 的回答与 A1 的需求无法匹配。遇到这种情况,我们该如何处理呢?下面的互动情境便于大家探索:

A 妈妈问道:"今天幼儿园里的小朋友听话吗?"

B1 岩岩回答:"朋朋今天吃了两碗饭。"

A 妈妈又问："幼儿园里面有谁今天不听话？"

B1 岩岩回答："妈妈，我饿了。"

A 妈妈又问："今天你一定很乖是吧？"

B 岩岩看着妈妈，开心地说："是啊，我还得了小红花呢！"

今天幼儿园里的小朋友听话吗

花店

朋朋今天吃了两碗饭

通过上述例子我们发现：沟通的语言是一个循环，也就是我们讲的一问一答。然而在这个过程中，有些孩子可能答非所问，或者完全不能专注于一个固定的情境，而是跑题或者打岔，导致对话只是一个片段式的交流，并不是一个完整的沟通信息的互动，所以我们就要用温和的方式将问题固定在同一个话题里，这样可以激发对方在同一个情境中做出合理的回答。

一

三、半闭环沟通

还有一种情况，父母跟孩子在沟通过程中，孩子们的回答跟父母的问题有一定关联性，但又不是完全精准地回答了父母的问题，这样的沟通，是一个半闭环式沟通。遇到这种情境，我们要不断地询问他"为什么"不喜欢这些，或者是你"为什么"不回答问题。这样的追问激发孩子的好奇心，会激发他做出反应，往往会使谈话达到闭环式沟通。

我举一个沟通的情境：

1. 妈妈问道："今天幼儿园里的小朋友听话吗？"

2. 岩岩回答："朋朋今天吃了两碗饭。"

3. 妈妈又问："今天幼儿园里的小朋友是不是都不听话了？"

4. 岩岩回答："我们中午吃饭吃得很快的。"

5. 妈妈又问："有什么好吃的吗，小朋友们今天都那么听话？"

6. 岩岩看着妈妈，开心地说："是啊，有我最喜欢吃的鸡翅。"

7. 妈妈再问："今天上课你为什么很认真啊？"

8. 岩岩看着妈妈，兴奋地说："我很认真啊，今天我还得了小红花呢。"

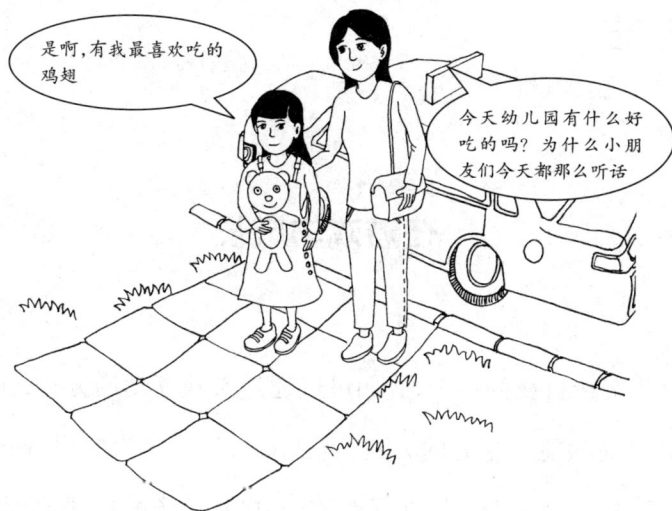

在上述的对话中,问题 1 和回答 8 是一个闭环;问题 5 与回答 6 是一个半闭环状态;问题 1 与回答 2 是一个开放环状态。在亲子互动沟通过程中,我们需要专注于一个问题,不要让孩子跑题,便于孩子形成连贯性的思维互动模式,对孩子的成长和未来的人际沟通是非常有意义的。

在孩子的成长过程中,我们必须训练孩子清晰的逻辑思维能力,在沟通中能够捕捉到对方所表达的问题是什么,而且也能够接收到这个信息并做出精准的回应。这是需要不断在互动中学习和成长的。

家庭教养

探索孩子心灵的钥匙

一　　第四节

在游戏中成长

对待沉迷自我的孩子,我们可以通过游戏互动的方式,让孩子在游戏中找到和他人相处的方式,重新融入到集体当中,找回自信心。我们可以从以下三个方面来帮助孩子:提高孩子的抗挫力;设置家庭生活剧场;培养管理冲突的能力。在这个过程中,做父母的要注意仔细观察,发现孩子在游戏当中存在的问题,并及时使用孩子可以接受的方式告知,给予孩子足够的尊重和耐心。此外,我们需要和学校老师沟通好,让老师也加入到帮助孩子的队伍当中,这样能够更好地帮助孩子走出自我。

一、情境抗挫力互动游戏

让孩子进入一个完全陌生的环境并融入到团体当中,让他在和小伙伴玩的过程中找到其中的乐趣和自己的价值,同时建立起友谊和强烈的归属感。在孩子的人际互动过程中,我们需要精心地准备并让孩子不断地练习,并保持积极乐观的态度。

第一步：准备和预演

在孩子进行积极的互动之前，先要让他学习一下我们准备的互动清单，帮助孩子进一步整理什么"可以做"，什么"不可以做"，每一次精心的准备都可以帮助他们以更积极的态度融入到团体中，并找到自己在团体中合适的位置，便于他们的心智在游戏中得到更好的发展。

可以做	不可以做
一起合作	危险的游戏
公平的竞争	排斥他人，搞小集体
轮流发言	打岔
遵守环境规则	胡作非为，扰乱秩序
安全的环境	野蛮的行为
微笑和友好	无理的要求
积极的身体接触	肢体冲突

第二步：建立亲和的行为

当孩子加入到一个新团体前，父母要先让孩子学会"观察"，让孩子观察他在整个互动过程中可以为这个团队做点什么？同时孩子也需要评估一下团体当中哪些人更值得我们信任，哪些人更适合孩子去深入交往。父母也可以帮孩子回忆一下他在生活中或者班级里面，与哪位小朋友的关系最好。同时父母也可以给孩子准备一些小礼物，当小伙伴做出一些令自己比较欣赏的行为时,让他积极地做出回馈,学会和别人分享,这样可以与他人建立起更亲密的关系,便于孩子更好地融入到团队当中。

第三步:实施良好的互动

当孩子融入到一个新的团体时,我们要让他学习到一些良好的互动技巧。

1. 我们要用什么样的方式邀请对方

"我能和你们一起玩吗?""我有一个好东西想和你们一起分享,可以吗?"

2. 我们有没有很好地向对方表达我们的欣赏

"你做的小花朵很漂亮哦！""你画的小鱼比我的小鱼颜色多！"

3. 碰到冲突的时候怎样妥协或退让呢

"你这个能给我用吗？""你这个能给我玩一会吗？""没关系的，我们可以先换换，你把你的给我，我把我的给你，可以吗？"

4. 让孩子在互动过程中具备一些保护自己的能力。"电视不可以触碰哦！""玩鞭炮的时候必须有大人在场才能玩！""不可以独自一个人去河边玩！"

5. 鼓励孩子用身体的接触，跟别人进行良好的互动，比如牵牵手，用手轻轻地拍拍别人的肩膀，拥抱等等。

6. 要让他学习非语言信息的运用，比如点头，微笑等等。

7. 让他知道自己的行为会产生什么样的结果和意义，他可以问一些怎样的问题。

第四步：自我反思

当孩子在和同伴们玩的时候，如果他过于投入，就很容易进入到自己的情境体验当中，忽略与他人的互动。因此，通过自我反思可以帮孩子回忆他在玩的过程中，是如何照顾其他小朋友内在的感受的？通过解读他人的方式，他自己可以更好地来觉察自己的表现，同时也会发现自己在人际互动中存在的问题，找到提升改善的空间。父母也可以提出更多建设性的想法，给孩子一些独特的视角，引领孩子更好地理解他人的行为，关注自己的需要，以便更好地与他人沟通。当遇到一个不确定的环境时，他首先要学会安静地观察、积极地融入、发现清晰的界限。在社交活动中，每一次都会看到自己的闪光点，每一次也发现自己需要改进的部分，以此不断提升自己的社交能力。

第五步：植入挫败，家庭情景剧

在人际交往中，我们一开始就要和孩子运用角色扮演的方式预演一些情境，适当地植入一些挫败情节，让他更早地适应环境的不确定状态，在不确定的状态中学会思考：自己可以做一些什么，自己可以怎样更好地融入团体，并且找到一些具体的解决方式。我们也可以在预演中植入一些更复杂的人际沟通情境，比如肢体冲突、言语顶撞、物品的争夺、团体的否定，让孩子学习在复杂环境中如何探索自己。

1. 探索自己的情绪反应。

2. 讨论需要掌握的人际沟通技巧。

3. 排练各个情境中人物内心的感受和需求。

4. 寻求更好的解决思路和方法。

5. 作为观察者，提供更清晰的思路。

6. 提供一些录音、录像设备，便于我们更好地观察自己的反应。

7. 给孩子一些全新的技能示范。

8. 对正面的做法给予正面的评价和反馈。

9. 对有待改善的能力和技巧进行足够的探索和讨论。

10. 明确实施计划，同时创造更和谐的家庭支持。

第六步：加入游戏并练习（寻找共同点游戏）

当孩子进入到一个新的团体里，认识更多新朋友的时候，我们可以让他进行一个寻找共同点的游戏，通过这个游戏发现哪些小伙伴和自己有很多相似的特质，同时发现他们也有很多不同点。当发现相同点的时候，他可以更好地融入；当发现不同点的时候，他可以通过学习、模仿，更好地照顾到别人和自己的差异。

下面我列一个清单，以便大家更清晰地理解：

相似圈	差异圈
都喜欢玩	我喜欢养宠物
都喜欢吃巧克力	明明会弹钢琴
都喜欢看《福尔摩斯探案》	可可是近视眼
都有零花钱	朋朋又高又胖
都不喜欢打针	东东和蒙蒙都去过马尔代夫
爸爸都喜欢玩手机	我喜欢踢足球

一

二、家庭生活剧场

孩子最早的人际交往学习,往往是在家庭中习得的,我们通过设计各种家庭生活剧场,其核心目的就是让孩子理解并学习一些与人沟通的方法和技巧,锻炼孩子的感知力,提升自我的觉察能力。

在家庭中,我们可以采取以下五种方式与孩子互动沟通,从中也让他们自然而然地习得与人交往的方法和能力。

(一)无处不在的眼神交流

在人际互动初期,不合群的孩子往往不善于用眼神来表达自己内在的渴望,也不善于用眼神进行直接的交流。究其原因,往往在家里,他们缺少一个良好的家庭氛围,可能父母平时说话的时候,没有给孩子完全的平视,或者给孩子很多指令的时候,往往关注点太多,孩子就无法学习到如何用眼神进行交流。

欣赏孩子,口头称赞孩子,都是可以激发孩子和家长进行积极的眼神交流的方法。例如:妈妈发现小贝最近总是眼神比较迷离,和幼儿园里的朋友相处得不好,在吃晚饭的时候,妈妈可以这样说:"小贝,我发现我们在聊天的时候,你的小眼睛看着妈妈,妈妈感觉非常棒!"你会发现,当我们欣赏孩子某一方面的时候,孩子的注意力也会跟着我们的欣赏而被带动。

在我们和孩子交流的时候,确认孩子看着你,和你进行眼神的沟通。我们也可以一起玩"不许动"的游戏,看看谁在注意听别人说话,谁没有注意听。通过这样的方式,可以让孩子集中注意力。很多孩子在读书的时候,无法更关注于文字,我们可以用手指跟着字的方式让孩子的眼球运动神经和自己的手指运动达到同步性,来引发文字阅读习惯过程中的眼球和文字的同步性,提高学习的专注力。

另外,我们和孩子可以选择一些关注性的词语,比如"你看,妈妈今天有什么变化吗"提醒孩子看着我们或者看着他人。青少年在人际互动中,我们要学习视觉支配性比率,眼球互动匹配率即眼球对视的时间以及数量。在人际关系里,通过眼睛对视的时间长短以及次数,可以增进两个人的人际关系,增进亲和力。同时,我们还可以学习眼球所代表的情感互动能力,学习瞳孔的放大和缩小、眼角处的上扬、左右眼的大小变化、瞳孔注视或者瞳孔散光,都会给他人带来不同的沟通效果。通过改善自己的各种眼神变化,来改进自己人际关系的亲和力。

(二) 主动倾听

主动倾听是让说话的人感受到倾听者在关注自己的语言,同时,说话者感觉到了倾听者的善意,这是有效沟通中非常重要的一个环节,主动倾听可以迅速地达成共识,包括认同他人道理的部分,也表达了认可和接纳对方的深度需求。

很多小朋友,特别是多动症倾向的孩子,往往在主动倾听这一方

一

面总是有点困难。在学校里总是被动而不是主动地听别人说话,他们等待朋友邀请他参加到谈话当中来,尽管已经将一些主动倾听的技巧练习掌握得很好,例如眼睛看着别人,身体保持不动,不随便插话等等,但是他对别人的讲话一点也没有兴趣,我们发现,如果他们用这两种方式来和同学沟通时,就会有所不同。

1. 用肯定的肢体动作来表达,最简单、最经典的方式就是点头

当别人在说话的时候,我们不经意间通过点头的方式代表对别人的认可。

2. 用认可和接纳性的语言

"嗯,哦,我觉得你讲得非常棒!"这些相对比较简单的主动方式回应,对他们就很管用,当他们使用这些方法和朋友去交流时,其他的小伙伴会更加愿意和他交流。

在人际交往中,我们可以用以下的办法来提升我们主动倾听能力,在谈话时,我们可以尝试着这样说:

(1) 看着对方,脸上露出愉悦的表情,也可以尝试改变自己积极的面部表情,比如:惊喜、微笑,注意自己面部表情和肢体语言的同步性,也要关注自己的微表情与他人的微表情同步。

(2) 手和身体保持不动,或者是保持某一个专注性的动作,比如手托着下巴看着他,表示"我在思考"你刚才讲的意思。

(3) 不要打断别人的话,让别人把话先说完,然后再表达,也可以在对方说完之后总结一下对方的观点。

（4）习惯让倾听者知道你是在认真地倾听，同时也做出了积极的反馈，我们可以时不时表达"嗯"、"哦"、"原来是这样"、"对，是这样""我听明白了……"，"我很认同……"，这些积极的反馈性语言。

（5）在说话过程中，可以用自我暴露的方法提问，或者说一句和主题相关的话。

（6）保持并确定在一个沟通主题里，重复对方的语言，也会给对方带来不错的沟通效果体验。

我们要明白，让孩子做的不单单是发出自己的声音，还要时不时地表示对他人的兴趣，让话题能够更加深入。每一次深入的互动，都会给孩子带来惊喜。积极的倾听，会让孩子喜欢上沟通和交流，喜欢表达自己，也不断地把话题持续地深入，这种有来有往的沟通方式，会让双方都受益。如果对方的互动无法深入下去的时候，我们可以让孩子不单单成为倾听者，同时，也学习更多的提问，通过提问的方式，把自己的意见更好地表达，既能让话题深入，也能让彼此的关系更加融合。

比如，我们会看到这样的一个沟通情境：

"你最喜欢什么动物？"

"我最喜欢的就是斑马？"

"哦，斑马，你一定有喜欢它的原因，你为什么喜欢斑马呢？"

"因为它的颜色很独特。"

"哦，你见过斑马吗？有没有摸过它？"

家庭教养

探索孩子心灵的钥匙

一

"我在上海动物园看过。"

"是吗,你就在动物园看过？在其他地方看过吗？"

"对,我在电视里还看过大斑马在生小斑马呢！"

通过提问,可以让我们的互动更生动。有些孩子对外在的事物或者特定的人缺少兴趣,或者本身有自己的情绪,只愿意专注于自己的事情,不愿意深度交流,同时他们也会这样说:"我才不在乎他说什么,我刚认识他,为什么要问他问题,你不觉得这是很无趣的事情吗？"当我们遇到这样一些孩子的时候,其核心原因是他们无法通过积极的沟通带来积极的好处,在这样的状况下,我们要用一种"愿景式的沟通方式",让他看到沟通背后的积极结果。

　　最关键的一点，我们要让孩子了解到不同的假设会有不同的结果，引导孩子通过这样的假设来看事物的不同方向和结果，享受人际互动中所带来的好处，最好的方式就是看到积极的结果带来的奖励和回馈。我们不妨用这样的语言结果来激发孩子的思考："如果……你会觉得怎样""如果这样……你会失去什么""假如你是他，你会怎样……""如果你是沟通大师，你又会怎样……"，来了解和认同别人的感受，我们要激发孩子的独立性和自主性，同时也要让孩子更多地考虑他人的需要和感受，不要过多地专注于自我的世界里，要重视他人的意见和意愿，创造共性的需要，来达到与他人建立友谊和深入稳固关系的目的。

（三）使用清晰欢快的语调

　　当我们学习用"主动倾听"的方式和孩子交谈时，我们就可以积极的对他表示欣赏，同时对他谈话的内容表达出足够的兴趣，我们在主动倾听的基础上，要帮助孩子理解清晰的语调与欢乐的节奏，往往会让倾听者感到自己处在安全和友善的沟通环境中。

　　假如孩子一直表达不清楚或者说话声音太大，或者经常在沟通中出现瞬间发呆的现象，首先检查是否是身体上的问题，如果不是，我们就需要帮助他调整自己说话的语调语气，可以通过模仿"名人演讲""情景模拟"等方式，让他成为观察者。还可以在各种环境中设计出不同的沟通技巧，让他自己知道自己的声音对别人会产生什么样的

一 影响。

当孩子无法清楚地表达自己想说的话时,我们可以尝试以下办法:

1. 让孩子爱上阅读在阅读过程中,让孩子在读书过程中听到自己的声音,便于更好地调整自己的阅读方式,可以让他看到自己的语气、语速和语调。同时父母通过跟孩子一起阅读,也可以让孩子读到不同的语气、语调和语速发生的变化。爱上阅读中,我们要注意两点:第一,父母一定要用不同的声音和不同的语调和语速来读,让孩子体会和练习不同的环境和体验给他带来的效果;第二,在同样一句话里面,要让孩子学习如何停顿,不同的停顿方式会带来完全不同的沟通效果。

原句:"天上有几只非常漂亮的燕子,它们可以自由地飞翔,它们回到了最熟悉的地方,春天来了。"

停顿练习:"天上有几——只非常漂——亮的燕子,它们可——以自由地飞翔,它们回——到了最——熟悉的地方,春——天来了。"

像这样的停顿方式,倾听者很容易产生睡眠的效果,因为每一次他听到你的停顿的时候,他感觉到那就是语言的高潮部分。当他每一次在高潮的期待中,听不到重点的时候,他的大脑会感到疲惫,因此很容易产生睡觉的感觉。

2. 让孩子听自己的录音或录像通过重新播放的方式,让孩子体会怎样调整自己的语言会达到更好的效果。

3. 当孩子在房间内玩耍时,我们要温和地提醒他降低自己的音量特别是在一些聚会的场所,或者孩子在安静的时候,我们突然提高分贝,让他体会语音和环境的和谐状态。

4. 当孩子无法控制自己大声说话时,我们可以做一些奖励的方式比如说他每一次总是喜欢大声说的时候,我们就给他贴一个大嘴巴的脸谱,还要对他说"我们最不喜欢的大嘴巴先生来了"。当孩子表现略有好转的时候,我们要给予积极的反馈和欣赏。

(四)尊重别人的私人空间

我相信小时候在学校里面我们都有过这样的体验,如果我们的同桌是异性,我们最喜欢玩的游戏就是"三八线",我们会发现一些非常有意思的现象,几乎所有的男同学都在不断地挑战着这个"三八线",而所有的女同学都在维护着"三八线"。这个简单的事例,就可说明人际关系中是需要尊重的。

孩子在幼儿时,喜欢与他人身体接触,是想获得安全感,这也是他们最喜欢的一种方式,也是表达友爱的一种方式,我们也会看到这样的方式是最具有亲和力的。但随着年龄的成长,如果他没有意识到跟别人保持一些距离是一种尊重,他就会在人际关系里面受到一些拒绝和排斥。在生活当中,我们可以看到往往孩子之间出现很多的冲突,就是因为有一方的个人空间被侵犯了,他们出现了捍卫和保护自己的安全距离的行为。

人际关系中46厘米是亲密区。在成年人中,46厘米以内是给最亲密的伙伴、爱人,或者是家庭成员留的空间,如果孩子无法理解侵犯他人空间所带来的后果,那么我们可以通过游戏的方式让他体会。

比如"抢占空间"游戏:在一张纸上,家庭成员使劲拥挤,但是不能挤到纸外面去,让孩子体会到合理的空间可以给人带来安全感,每一个人维护者自己的空间,实际上是在维护自己的安全。

再比如"空间雷达"游戏:我们让孩子站在圆圈的中心点,不同的家庭成员站在不同的雷达区域,模拟飞机和你相撞的实验,让他知道哪一种距离最合适。让他体验一下和别人交流过程中,应该保持多远的距离飞机才能不被相撞,同时还可以保持很好的雷达沟通。

还可以练习"好人""坏人"游戏:在上学时候突然有一个陌生人跟你接触的时候,"坏人"喜欢用什么样的距离,"好人"又会用什么样的距离?哪一种距离更安全?

"不可以碰我的身体哦":通过这样的练习,让孩子知道什么是恰当的身体接触,什么是不恰当的身体接触,同时也让孩子知道如何保护自己。

(五)学习"解读他人"的游戏

家长可以跟孩子玩一些"解读他人"的游戏,在"解读他人"游戏过程中,我们要让孩子成为三种不同的角色,成为观察者、倾听者、诉说者,尽量用家庭成员一起合作的游戏来和孩子互动,让孩子在交流中体会真正的自我的位置,以及他人的定位。在游戏中重点不是夸奖和贬低孩子,而是让他能体会到自己的一些不足之处给别人带来的影响,更好的了解到什么样的角度和理解才能让我们和他人有更好的互动。

在游戏体验过程中，对孩子进行不断的询问，并让孩子做出回答。父母通过不断的角色互换，可以写出自己的一些想法和感受，让孩子来猜"你解读到了什么"，"你猜到了什么呢"，通过不断地校准和调整，找到自己的定位，帮助孩子去了解他人想表达的真实的想法。再让孩子用同样的方法邀请自己，在逐渐的练习和适应中，让孩子拒绝恐惧，开始直面交流的过程，逐渐体会交流中的乐趣，进而学会自己交朋友。

也可以让孩子和家长一起参加一些集体性的活动，比如说像夏令营，还可以在各种节假日邀请其他家长和小朋友一起来家里做客、聚餐。通过增加孩子与别人互动的频率，让他认识到自己存在的价值，同时也让他意识到自己不是世界的中心，能更加温和地对待周围的人和事，能够更加理解和体谅他人。

如果孩子害怕被别人冷漠，我们就要给他创造一个环境来模拟两个人之间的交流，让他明白人和人之间的交流只要是真诚的，往往会有好的效果，我们需要接受我们的害怕。最开始和别人交流，我们可以设计出各种面部表情，让孩子自己来猜，我喜欢把这个练习叫"情绪脸谱"。所有人都只要对情绪和对方的面部表情流露出认识，我们就不会有那么害怕。恐惧情绪当你逃避的时候，你会感到无比的害怕，只要你面对恐惧的情绪，你就已经战胜了这种情绪，我们就会收获到一个朋友或者收获到一段美好的记忆。

家长可以站在孩子的角度假设自己是一个小朋友，来主动和自己

一

的孩子打招呼："嗨,你好,你叫什么名字呀？我能和你一起玩吗？"邀请他一起玩耍,把每一个练习都激发他来思考:

　　※　你用什么方式去开场白?

　　※　你会送他们什么小礼物?

　　※　他们没有理你,你会这样表示友好啊?

　　※　他们现在是什么表情啊?

　　※　你准备怎么邀请他和你开心地玩?

三、冲突管理,发现我们彼此的需要

　　现在的孩子因为在家庭里冲突经验很少,往往会对于在外面的突发性冲突显得手足无措,处理不好。作为父母,我们在遇到小孩子之间发生矛盾的时候,首先要问清楚孩子,到底发生了什么,不要一味地批评,也不要一味地维护。假若孩子的玩具被其他小朋友抢走了,要教他用正确的方法去"讨回来",学习自己去面对自己的事情。

　　孩子很多时候发生冲突的原因就是我看到了"我"的需要,而没有看到"你"的需要,更没有看到"我们"的需要。要让孩子理解和如何面对"我们"这个词,对"你"的需要更多地关注和理解,我相信就很容易发现共性需要。在亲子互动游戏中,遇到一方与另一方发生冲突的时候,我们要积极地发现共同的需要,可以不断地植入"我们"这一

词汇,把对方的陈述句变成疑问句:

1. 我要汽车玩,他不给我!

积极反馈:我们都要玩得开心一点是吗?

2. 我很生气,我不吃饭了。

积极反馈:我们好好吃饭,就有力气玩是吗?

3. 爸爸是个坏蛋,他总是不让我看电视。

积极反馈:我们需要看电视又要保护眼睛对不对呀?

父母们要发现培养和激发孩子去发现他人和自我共同的需要,让孩子理解到他们在一起玩的那种快乐就是共同的需要等等,生命共性需要带来的感觉就是感动与自豪感。他们会发现,互相满足彼此的需要,这原本就是我们本身的需要。在亲子互动中孩子们需要自己去面对,可以互相赠送礼物的情境等等都是共同需要被激发的方式。因此,在亲子关系互动中,培养孩子共同的需要是我们非常重要的一个方法和目的。

自我需要、他人需要以及共性需要

需要类别 事件	自我需要	他人需要	共性需要
我要汽车玩,他不给我	我要一个人玩汽车	我也想玩汽车玩具	我们要玩得开心
我很生气,我不吃饭了	我想要玩耍,不想被打扰	希望孩子注意身体,按时吃饭	吃饭才有力气,有力气就可以开心地玩
爸爸是个坏蛋,他总是不让我看电视	独自拥有电视的使用权	希望孩子少看电视保护眼睛	看电视同时要保护眼睛

一

第五节

驱散恐惧还天空一片蔚然

恐惧的情绪会从各个方面干扰我们的生活和学习,孩子也会由于恐惧,迟迟不敢走出第一步。有时候孩子需要的只是我们的一种支持,看到他们的不容易,需要我们给予他们一些帮助和支持来驱散恐惧。我们可以用一些常用的方式来挑战生命最终的敌人——恐惧感。

一、欣赏孩子而非赞美

让欣赏变成一种常态。欣赏不等同于赞美,在赞美的过程中,我们会有一些盲目崇拜的部分。欣赏,往往是对具体的一些事情表达的一种认同,它有具体的行为,它可以表达我们由内而外的认可和敬佩。认可和敬佩这两种力量,对于一个孩子,可以给予他更积极的支持、更温暖的祝福、更有力的陪伴。

在生活中,欣赏可以无处不在。我们可以用欣赏的眼神表达对友人的关爱和欣赏,用欣赏的肢体语言来表达对他人的认可;可以创造爱的时刻,来表达对他人的尊敬;我们也可以通过赠送礼物来表达对他人的欣赏。因此,我们不要把欣赏仅仅局限在语言层面,更要在行动中表达出欣赏。

在丰富的语言描述中,当我们用柔和且丰富的肢体动作表达对别人的认可时,就会发现这种欣赏是能够让人真心感受到的。当我们用丰富多彩的肢体语言来表达对他人行为的认可时,这些欣赏性的动作配合语言,可以让我们的感情以无比真诚的形式传递到对方的心灵深处。同样,通过这些欣赏性的动作,我们可以更好地表达对孩子的期待,激发孩子内在的成长和对未来的预期。促进孩子对我们更真实、更友好、更善意地回应;通过欣赏性动作,我们也可以更从容地表达我们的内心。

欣赏孩子,最好的方式是描述式鼓励。

通过对孩子的肯定和鼓励,让他对自己更加自信和勇敢,每当孩子取得一点点进步的时候,我们都可以对他所做的事情进行鼓励,而不是非要等他完全把某件事完成了,才开始鼓励他。

生活中有很多值得鼓励的地方,都可以用来鼓励他:"真棒,你今天主动和阿姨打招呼了!""你做对的题越来越多了,你真棒!"等等都是可以的。我们的鼓励是对事情的欣赏,而不是对人的赞美。

每一个个体对自我的认可和接纳,来源于对具体事情的自我满意度,因此对孩子的鼓励和欣赏,我们要通过具体的事件对其进行欣赏和鼓励。这样做可以通过自然呈现的结果来滋养生命,进行自我激励。

一 　积极心理学家马丁·赛利格曼博士在"习得性无助"的研究过程中发现人的乐观来源于两个维度:永久性和普遍性。悲观和无助的人有两个特点:第一个特点是对外在事物的失望,他认为自己的事情自己无法控制,无法通过努力去实现自己的价值,对外在结果无能为力;第二个特点是对自我彻底地放弃与否定,因此,会产生羞愧感和无助感。

外在的失控,内在的羞愧两者结合,就会让一个人的生命能量越来越弱。我们要突破这种生命状态,就需要找回乐观的精神、寻求快乐的特质。我们需要寻求外在事物积极的结果以及积极的价值,来滋养自己内在的力量。因此,乐观的教育以及内外整合的教养方式,是我们亲子教育追求的目标和方向。

二、身体互动,塑造安全感

有时候身体的互动远远胜过语言的简单安慰,经常对孩子进行身体安抚,容易给孩子带来强大力量。身体互动最好的方式有三种:

第一种:拥抱。通过拥抱练习可以评估亲子关系的亲密程度。拥抱最主要的目的是让孩子非常放松,联结到爱的同时感受到力量。

第二种:身体的抚摸。一般抚摸孩子的身体,尤其是脸部以及两臂,可以释放孩子的负面情绪,增加孩子的安全感;抚摸孩子的背部,可以增加自己对孩子的接纳;抚摸孩子的头部,可以带给孩子创意和智慧。

第三种:陪伴。孩子 7 岁之前,可以由母亲陪伴,到了 7 岁之后,最好男孩由爸爸陪伴,女孩由妈妈陪伴。有时,妈妈可以陪女儿睡,当孩子如同胎儿般地蜷缩着身体,或者搂着母亲的时候,就如同又回到了母亲的子宫里,会有一种无比的安全感。男孩由父亲陪伴,与父亲做一些分享,去感受父亲的气息,这对男孩获得力量感有极大帮助。

三、"实战"练习:社交活动设计

我们可以给孩子设计和安排很多的社交活动,让孩子在实战练习中得到很好的锻炼。

父母平时带孩子去超市或者餐厅的时候,可以让他来当一次"家长"去结账;或者是在自助餐厅让他帮忙拿食物和饮料,这些行为都可以锻炼孩子的勇气。

鼓励孩子积极参与集体活动,为孩子营造一个体验式环境。我们可以让他与亲朋好友或邻里间的伙伴做游戏,通过对游戏时间、游戏空间与游戏道具的运用,调动他们参与社会集体活动的积极性。或者通过走亲访友、参加节目、演出比赛等活动机会,有意识地安排孩子与集体频繁地接触,增进孩子对集体活动的认识与了解,提高孩子参与社交活动的热情。

一

　　当孩子无法区分自己的行为将会带来怎样的结果时,我们可以跟孩子玩一个"警察"和"坏蛋"的游戏。下面列的游戏清单,可以帮助大家更好地理解。

警察	坏蛋
等别人把话说完的时候再说话	独自霸占整场对话
问合适的问题,注重对方的感受	遇到问题快速地改变
用简单、直接、愉悦的语言和语调	说话非常跳跃,没有主题
眼睛直视对方	眼神恍惚,不关注与别人的对话
身体和语言同步	身体和语言不同步
尊重别人的私人空间	说话没有界限,不尊重他人
使用"主动倾听"的语言 如:"嗯,是的,原来如此,对的!"	使用插话、逃避、沉默性语言 消极的非语言信息

　　此外,我们也可以用和孩子轮流"讲故事"的方式,我们先开始讲,当我们停下来的时候,让孩子把故事继续下去。在这个过程中,最重要的是锻炼孩子的耐心,当轮到他的时候才可以讲话,并且孩子讲的故事要和我们刚才讲的故事具有关联性。

　　最后,我们还可以用"玩游戏"的方法,让孩子和家里人对话。在桌子中间摆一个放硬币的罐子,先从爷爷奶奶开始,开场白过后,每提一个相关的问题,就把两枚硬币作为奖励放入罐子中;每说一句相关的话,就把一枚硬币放到罐子中。当有人插话或者突然改变话题时,就拿走一枚硬币。让全家人一起来玩这个游戏,目的是锻炼孩子在集体游戏中遵守游戏规则的能力。

四、读懂社交信号的游戏和练习

1. **家庭读书会**　和孩子一起读书,到精彩的部分停下来,和孩子一起讨论故事情节和故事中的人物特点。看绘本的时候,记住人物的微表情和肢体动作,写下描述表情的语言。

2. **情绪扑克牌**　和孩子一起画脸谱,画出人物的面部表情:难过、高兴、恐惧、害羞等等,并写下每张脸谱所代表的情绪。

3. **照镜子练习**　对着镜子练习面部表情,让孩子站在镜子面前练习各种情绪,并且评论这些情绪是否被清晰地表达出来,我们也可以用录像机录下来进行讨论。

4. **欢乐驿站**　在看电视的时候,暂停下来,讨论人物的情绪,以及他们是如何传达这种情绪的。

5. **我的心情你猜猜**　猜词游戏,每个家庭成员做一个动作,然后静止不动,让孩子来猜这个动作有什么含义,可以通过复杂的情绪来提高难度,游戏的目的是为了通过肢体语言来猜出人物所表达的情绪。

要诱导孩子在集体活动中发挥较好的主动性,我们可以根据他们的能力、爱好、兴趣组织集体活动。融入必要的奖励来激励孩子,发挥同伴间的鼓励作用;允许孩子失败,用掌声等增添孩子的自信;给孩子提供发挥特长、帮助别人、服务于集体的机会;了解孩子在集体活动中的困难,给予帮助,如技能技巧不熟练,家长可在家帮助练习、彩排;条件不

一　　充分的情况下,家长需要提供帮助准备,等等的方式变被动为主动。

五、帮助孩子建立友情,培养合作能力

可以邀请孩子的小伙伴们来参与我们家庭的主题活动,比如说举办各种"周末聚会",让孩子学习"优势项目展示",让他充分展示自我的才华和能力;可以玩一些"输"和"赢"的游戏,让他知道在输赢中互动;也可以玩一些合作性游戏,比如"两人三足"、赛跑、下棋等,让孩子懂得大家通力合作才能完成;也可让孩子玩一些"寻宝"游戏,找到一些志同道合的伙伴,让他跟自己喜欢的伙伴,共同体验一段愉快的经历,激发同伴的热情,让积极的情绪感染、影响并带动孩子。

六、发挥荣誉的激励作用

孩子在集体活动中取得的进步和突出的表现,我们要予以肯定。同时要建立一些奖励措施,激发孩子与孩子之间的互动与交流,通过参加一些竞争性的游戏,获得一定的奖品,让孩子积极地表现自己。有时候给孩子准备一份特别的小礼物,让孩子在人际关系中跟他人更好地互动,培养友谊。

我们可以大量地运用描述式鼓励,比如:

"明明在今天的活动中帮助了芳芳,我们要向他学习。"

"毛毛你今天表演真棒！"

"东东，今天表现有很大的进步，下次活动肯定能更好。"

类似这样的鼓励性语言是让孩子参加集体活动的无形动力，所以，我们不要放掉任何一个表扬、鼓励孩子的机会。

七、正念的力量

（一）呼吸的调整

我们知道，气乃人之根本，气足则血盛，无气则无力。呼吸，是我们每一个人最原始、最本能的生命的调节方式。我们可以借助呼吸达到放松的目的。特别是在感到焦虑的时候，我们正常的呼吸常常短而浅，仅达到胸腔，没有得到足够的氧气，因而会因缺氧而不能放松。这个时候，如果能有意识地调整呼吸，就会比较放松。

在东方养生学里，都有关于如何通过调整呼吸来调整内心心理状态的修行方式，因为它非常简单，也非常廉价，所以每一个人都可以做到。当我们在呼吸的时候，通过急促的呼气，可以非常快速地专注于能量的聚集，进而专注于目标；通过非常缓慢的呼气，可以启动植物神经功能系统，让人身体放松下来。同时空气在我们的胸腔喉部流动的时候，自然会产生一种内在和外在能量的交换，让人感到无比舒服和自在。

一

　　当呼吸进入到肺部的时候,我们可以把一只手放在胸部,另一只手放在腹部,可以躺着也可以坐着,然后把所有的注意力集中在鼻腔,这时会感觉到吸气和呼气的气息全部聚集在鼻孔这个地方来回流动。进而尝试着感觉我们腹部的强气与弱气,感觉能量的聚集,感觉能量的释放,感觉和外在的整个能量的互动与交换,尝试着每一次呼吸时,呼吸往下延伸到腹部,再从腹部延伸到鼻腔,来回上下往返循环。通过想象这样的呼吸方式,让人如同瀑布流水般在一上一下之间进行呼吸的调整。

（二）激发正能量

　　激发孩子的正能量是通过正向的心理暗示,帮助孩子在挫折经历中获得自我鼓励、自我肯定,从而发扬优势、克服困难。通过激发正能量,可以让孩子在碰到危险或者恐惧的时候,在想象中让自己缓解焦虑,获得内心的能量,从容自若地面对当下的处境。

八、提升共情能力

　　共情能力就是通过倾听对方的语言,更多地关注与观察对方的非语言信息,理解他人背后真正的情感需求的能力,其核心是体会并理解他人的感受。

　　在交谈过程中,专心听对方说话的内容,留意对方的行为举止,试着理解这些行为背后所传递的想法和信息是什么,理解对方的内心感受,并用恰当的方式予以回应。共情能力的组成,具体参考"叛逆的天使"中关于同理心所作出的描述。本章节主要是讲述如何让我们的孩子更富有同理心,让他们具备更好的同理心。

如果孩子能够做到以下几点:心在焉、看清楚、我明白、我和你、我接纳、在一起,我们就可以说这个孩子具有同理心。如果孩子没有做到,那么怎样才能让孩子更好地具备这样的能力呢?

下面几点,可以在实施中给大家一些技巧和参考:

1. **心在焉**　引导孩子留心我们生活中发生的事情。首先要了解孩子的社交世界,通过"提问"的方式,让孩子了解、关注他的朋友和熟悉的人。年龄小一点的时候,我们先从"人"开始;年龄大一点,我们先从"事"开始,再到"人"。

2. **看清楚**　激发孩子思考别人的感受和想法。我们可以选用"情感式问题提问""认同式问题提问""期待式问题提问"这三种方式。

比如:

※ 情感式问题提问:"你觉得你推东东的时候,东东心里有什么样的感受呢?"

※ 认同式问题提问:"你觉得他是什么样的想法才会去推他的呢?"

※ 期待式问题提问:"你推东东的时候,你是希望干什么呢?"

家庭教养

探索孩子心灵的钥匙

一

　　我们要保持自己的淡定和从容,不管孩子如何回答这些问题,我们都应该始终保持在这样的问话里面,让他有更多的思考,激发他体会他人的感受,理解他人的内心世界并做出积极的回应。

　　3. **讲明白**　掌握更丰富、更细致的情绪词汇。在社交活动中,我们要学会用各种情境来激发孩子不同的体验,并让他能够清楚地理解自己的感受,这样理解自己感受的同时,往往也更有助于他体会别人的感受。

　　为了帮孩子理解更多的情绪词汇,我们用各种情境来体验各种词汇之间的不同。比如:在描述"微风"的时候,我们用"吹过、拂过、飘过、掠过"等词汇,不同的词汇带来的情绪体验是不一样的。也可以让孩子们一起玩一个"情绪脸谱"的游戏,从最简单的开始,如:生气、高兴,伤心等,接着再过渡到较难的词语,如:沮丧、失望、羞愧,进而促进孩子了解情绪词汇之间的细微差别。

情绪词语列表

负面情绪	正面情绪	正面意义	行动
痛苦	喜悦	踌躇:一些内心价值的定位尚未清晰。	调整思路
纠结	宁静	紧张:需要额外的能力去保证成功。	寻找资源
绝望	希望	痛苦:使我们避开危险。	寻找安全感
无聊	逗趣	讨厌:需要摆脱或者改变。	改变现状
嫉妒	敬佩	惭愧:一件表面完结的事仍尚有需要做的部分。	积极面对

续表

负面情绪	正面情绪	正面意义	行动
仇恨	感激	悲伤:从失去之中取得智慧更懂得珍惜已拥有的。	感恩过去
自卑	自豪	愤怒:准备对不能接受的情况做出改变的行动。	积极行动
摧残	激励	无可奈何:已知的方法全不适用,需要创新突破思考。	寻求方向

我们要用开放的心态清晰地向孩子表达自己的情绪,说出自己内心的感受,并向孩子表达自己的情绪,通过互动环节,帮助孩子理解更多的情绪。

4. *我和你* 我们要学习观察他人的面部表情。要理解对方声音很大的时候会有什么样的情绪?对方如果手握拳头,又代表了什么样的反应?通过了解自己的非语言行为,也更多地解读他人的非语言信息,这样我们可以更好地作出合理的反馈。同时,我们还要留意对方在沟通中的一些特定的语气、语调和语速。通过分析不同的语气、语调和语速,我们能够解读到他人不同的心情。

5. *我接纳* 接纳自己内心的一些不舒服的情绪。我可以选择保护自己,也可以调整自己的心情,用一些更轻松的方式来沟通,保持对自己情感状态的接纳,也会更好地接纳他人的情绪。有时候对自己可以有适当的"自我嘲笑",用幽默的方式让自己的情绪更加地积极和乐观。我们要学会接纳别人的感受,不排斥他人,学习"赢家"和"输家"

各自的意义,包容他人的不足,了解"我只是世界的其中一员"。

6. 在一起　我们应该把自己所理解的情绪反应,用更合适的语言,用更柔和的方式表达出来。可以运用"请求"的方式,以及一些"我担心"的技巧,或者陈述我自己的内心感受。在这样的互动过程中,充分地尊重了他人,也让我们更好地面对了问题和情境,表达了"我和你是在一起的"。

第六节

培养孩子的科学思维

孩子从 11 个月开始,逐渐具备了双向交流沟通的能力,此时此刻孩子的思维能力开始发展,并且慢慢趋向于发展解决问题的能力。他不再被拘束于完全封闭的自我世界里,他开始朝更高级的思维层次发展,即双向的互动交流,这也正是我们科学思维、实验思维、创新思维的开端。通过双向互动,慢慢利用有意义的想法去思考、去探索思维的意义和价值,并了解其关联性。他们通过想象力去实践,通过创新性思维,为科学技术和艺术奠定基础。孩子的抽象思维能力和解决问题的能力会更多地依赖创造,产生独特的自我。

一、思维的描述

孩子会运用逻辑思维来了解事物的关联性,了解情感和逻辑的关联性,了解事物的前后左右、过去现在的关联性,了解不确定性的关联性。然后奔向三个高级思维。

1. **多因素思维**　通过多因素思维了解社会的现实状态,来全方位地管理和评估自己的情绪。我们往往也会选用"全方位提问法"（5W1H）来激发孩子多因素思考的思维。

2. **比较思维或灰色地带思维：比较思维，我们常称作灰色地带思维，是另一个高级思维** 比较性思维会让我们看到事物的关联性，以及动态变化的关联性，能让我们了解人与外在事物的界限。这种思维从5~8岁开始出现和应用，会让我们开始关注事物的系统性，让我们看世界不再非黑即白，而是向更加精细的思维过渡。

3. **反思性思维** 反思性思维，让我们人类成为万灵之首，**是人类最高级的思维**。我们通过抽离的方式看待自我，通过假设的方式推演事物的规律。通过反思性思维，我们也实现自我评价，对自己有清晰独特的定义，从而知道我是谁？我将成为什么样的人？我有什么样的使命？进而了解自我与更大世界的关联性。

解决问题本身可以激发我们的思维。在社交中，在人际沟通过程中，我们要提升这样的思维技巧。通过以下十个方面，我们可以衡量孩子在哪些方面还有需要提升的能力。

(1) 孩子能否看到自己在人际关系中处于什么样的角色？

(2) 孩子能否抽离出来看待自己在人际关系中可以不断提升的部分是什么？

(3) 在互动过程中，孩子是否具有换位思考的能力？

(4) 孩子能否预见他人或者预设别人对自己的一些行为反应？

(5) 孩子能否考量长期目标和短期目标的关联性？

（6）孩子能否有足够的能力敞开自己跟别人进行深度交流？

（7）孩子能否给自己设立一个明确的目标，并为这个目标而努力？

（8）孩子能否顺利地交到朋友，并对朋友有清晰的认识？

（9）孩子能否激励他人，并能够让团队产生明确的动力？

（10）孩子能否顺利地解决人际关系中遇到的困难，能否罗列出清晰的行动计划，并赋予实施？

如果孩子在这些方面都有非常好的表现，我们更应该尝试去激发他，让他完成自己的目标；如果孩子有很多缺失，我们要思考用什么方式让他面对未来人生的各种挑战。同样，我们在解决孩子面临的问题时，可以从十个维度给孩子进行一些提升：

（1）关注问题。

（2）明确问题。

（3）倾听问题。

（4）整理问题。

（5）调整问题。

（6）探索问题。

（7）评估问题。

（8）行动指南。

（9）改善空间。

（10）检验效果。

家庭教养

探索孩子心灵的钥匙

二、科学思维解决问题的步骤

第一步：关注问题——温和地引发孩子关注

孩子遇到阻力的时候，往往对问题会出现三个基本态度：

1. 转移话题，谈一些跟问题无关的事情。

2. 避而不谈,孩子遇到问题之后跑开。

3. 承认失败,动不动就回答"我不知道"。

一

当遇到这些问题的时候,我们要采取一种策略:当孩子转移话题的时候,我们固定在一个话题里面不断地询问他;避而不谈的时候,我们在他最关注的时候询问他个问题,帮他去整理和罗列这个问题;他承认失败的时候,我们往往要引导他从"你知道的会是什么呢?"从他知道的部分开始谈起。让孩子关注问题的前提条件,必须要创造温和的环境。

第二步:明确问题——支持他去知道问题是什么

不可以设立冲突性的问题,只有我们对问题的理解越清晰,我们给出的答案才可能越准确。所以,通过以下几个角度的分析,我们可以让问题变得更加清晰易懂:

1. 我的角度。我们很多人谈问题的时候,都是说成别人的问题,这样不利于问题的解决,我们要尽可能地以"我"的角度出发去看待问题。

2. 不要提让人感到困惑的问题,要把问题表述清晰所以,提炼问题是非常重要的一个能力。当遇到一些无法明确理解的问题时,我们就需要把它变成一个"过程性问题",作为一个探索的方式去开展。比如:孩子会问:"我们家里可以种出彩虹吗?"我们可以跟孩子说:"嗯,假如天上真的出现彩虹,我们可以做一些什么呢? 等有了彩虹我们就知道了。"

　　孩子在描述问题的时候,往往会随机表达一些没有关联性的话题,家长就需要帮孩子整理出他想要表达的部分,协助明确问题。同时,还要帮助孩子把问题进行排序,分出问题的先后次序。

第三步:倾听问题

　　当孩子在描述问题的时候,我们应该非常清晰地传递给孩子一个信息:"你的问题我也很好奇! 你的问题背后的感受我可以体会到! 你的观点我也是很认同的!"通过重复他的语言和"反应式倾听技术",可以对孩子的问题进行深度地剖析和表述,便于他了解问题背后的原因。"刚才我听你这样说的时候,我也认为裙子染上了颜色是不好看的,裙子一定会难过的哦!"

第四步:整理问题

整理问题的时候,我们不妨从三个角度整理:可以用"全方位提问法"。通过问孩子"谁""谁的问题""为什么会出现这个问题""什么时间出现的问题""在什么地方出现的问题""发生了什么样的事情呢""为什么这会是一个问题呢""如何才能解决问题呢""你有什么好方法吗"这些思维的整理,来帮孩子把问题变得更加具体化,更加明了,使他对问题有一个全面的认识。

第五步：调整问题

1. **上切法** 假如这个问题出现的是"今天我真的不想读书了"，

运用"上切法",我们会问他"人活着就是玩吗,玩就是人生的一切吗?"通过"上切法",我们把"不想读书"提升到人类的角度。

2. **平衡推进法**　我们可以用"平衡推进法","你今天真的不想读书那你准备做一点什么呢?"用前后顺序来看待他对事情的处理方式。

3. **下切法**　"哦,你今天肯定不想去上那个语文课,因为每次学语文的时候你总是显得力不从心",这就是"下切法",他把不读书的原因变得更加具体化。

通过上切、平衡、下切，拓展孩子的认识，让他可以更好地整理问题，找出他真正的困扰是什么。

第六步：全息探索问题

任何问题，如果只从自我的角度来看待，我们往往就只会看到一种方式，那么相对于解决方式就会变得局限。当我们把问题放在三个角度，就会发现问题有很多的拓展性。从自我角度来看，这个问题的解决思路是什么；站在别人的角度看待这个问题的本质又是什么；我们从抽离的角度和自我反思的角度来看待这件事情的解决方法又是什么。所以，从自我、他人、情境三个角度来探索问题，会让问题变得具有整体性。因此我们可以用这样的方式问孩子："你如果不去读书的话，我不知道你的同学会如何看待你？""我不知道你如何面对考试？""当你自己这样做的时候，长大的你会怎么看

一

你自己？"通过这样全息的探索问题,让孩子有更多的维度探索一件事情的结果。

第七步:评估问题

当我们通过前面的六步不断地询问孩子的时候,孩子会有一些思路。这些思路需要让孩子进行合理的评估。评估过程中,他将会做出更多的取舍,因此我们会不断地问他"这样做你的结果会是什么呢?这样做有什么好处?这样做有什么坏处?""我们找到的这个方案是长期效果还是短期效果?"通过多维度询问,我们解决问题的思路会变得更加清晰。

第八步：行动指南

当孩子罗列出计划方案时，我们鼓励他选择一个最优的方式，然后进行一个具体化的运用，让孩子的行动也变得更加具体，可以运用问题关系的"smart 原则"，把目标变得具体化，让整个实施方案更加具有可行性。同时在实施过程给出合理的计划和安排，找到实施过程中的一些难点，并进行目标分解付诸于行动。

——S 代表具体（Specific）

——M 代表可度量（Measurable）

——A 代表可实现（Attainable）

——R 代表现实性（Realistic）

——T 代表有时限（Time-bound）

第九步：改善空间

我们可以通过预演的方式，让孩子看到自己的方案在实施过程中出现的一些盲点，通过演练的方式，可以看到一些更多的备选方案。在每一个备选方案中去提炼，什么样的方案是我们的最优方案。同时也会看到出现哪些意外时，我们会导致这些方案无法启动。选用"头脑风暴法"可以不断地通过情境化模拟，让孩子理解到任何问题和任何行动方案都有不断提升的空间。

第十步：检验效果

孩子在没有实施这个方案之前，我们要做的最后一步是通过整体性的检验，希望他通过扮演一个专业角色，比如福尔摩斯寻找线索，找出自己的漏洞，并提出改善的意见和方案，以寻求最佳的效果。同时在实施之后，我们也可以通过一些访谈交流或者是家庭聚会的方式，让孩子对整个实施过程做出陈述，激发他不断地去突破自我的局限性。在整个过程中，父母要给予足够的鼓励和支持。

在生活中，孩子总会遇到各种各样的问题，我们不要直接给孩子

家庭教养

探索孩子心灵的钥匙

一

提供解决问题的办法，而是要教给孩子解决问题的技巧，这样才能让孩子更快地成长，以后遇到同样的问题就会知道如何去对待，这就是"授人以鱼不如授人以渔"。

第七节

积 极 沟 通

每一个生命来到世界上，如同一张白纸，纯真无瑕。父母就是孩子的第一任导师，我们要做的就是如何引导这个生命，描绘出属于他们自己的生命蓝图。

父母的教育方式直接影响到孩子以后的人格走向。如果一个孩子从小在爱的环境中成长，长大以后这个孩子就不会缺少安全感；如果父母总是指责孩子，这个孩子长大以后就很有可能会变得自私，动不动就指责别人。

因此，父母要和孩子一起学习，了解自己的表达方式。

一、语言的力量

语言是人类独有的天赋，能帮助我们思考和推理，让我们能够分享自己的思想和见解，建立良好的人际关系，加深家人和朋友之间的亲密感，将过往的经历结合起来，让我们更好地了解自己是谁。语言强化了意识觉知，通过自我认识、观察和捕获自己的体验，从而创造出一个个独立的个体。在孩子的成长过程中,我们要帮助孩子有效地使用语言,鼓励孩子观察和捕获自己的体验,在分享和体验过程中,孩子就会更加清晰地认识所发生的事情给自己带来什么样的意义。

很多人都认为自己了解自己的表达方式,而且我们都认为自己的表达是很真实的。在人与人之间沟通过程中,我们是否经常会被人误解我们的本意?我们的需要是如何传递给别人的?

亲子互动过程中,我们会发现:很多父母说得很有道理,他们描述问题的过程也非常符合各种书籍的理论实践,可最后的结果往往被描述成孩子是如何如何不听话等等的问题。咨询中每每遇到这种情况,我就不得不去探索问题发生的真正过程是什么。我用了全新情境再现技术,通过呈现出来的现象去捕捉、去复原整体的情况,我发现现实的情境和父母所描述的自身状态有很多的差别。

记得,有一次我跟一位学生一起吃饭的时候,这位学生的孩子对着他妈妈吐了一下口水,孩子吐的过程中笑嘻嘻的。他妈妈看到孩子吐口水的时候,觉得很不好意思、很尴尬,嘴上训斥着孩子:"你怎么可以吐口水呢?你这个小坏蛋,我等一下来教训你。"妈妈一边说的时候,也是笑嘻嘻的样子"你不可以吐口水,你这个孩子怎么变成这个样子?"后来孩子吐得更起劲了,吐得到处都是,而且很开心的样子,场面完全失控。然后妈妈不停地说:"你这个孩子为什么这么不听话?"

造成这个结果,我觉得是妈妈混乱了。因为父母混乱了,孩子就混乱了,因为孩子搞不清楚什么样的表达才是真实的,什么才是对的,什么才是错的。只有混乱,一个混乱的表达就会导致混乱的结果。母亲在面前,孩子捕捉到的是妈妈的非语言信息,他看到妈妈笑嘻嘻的样子,他的解读是"妈妈是允许我这样做的",因此他就不断地对着他的妈妈吐口水,而且越吐越起劲。

这个事件给了我们什么样的启发?在亲子互动中,妈妈们是否很真实地表达了内心的需要呢?如果我们用一些不真实,或者是冲突的情感来表达内在真实想法的时候,显而易见这种教育是失败的。我们的面部表情,也就是我们经常看到的微表情是一种信息,我们的口头语言也是一种信息,一旦这两种信息发生冲突,就易导致亲子沟通的混乱。而我们的孩子在解读他人的双重信息的时候,他们的大脑偏好是选择非语言信息,也就是非口语信息。

二、语言和非语言的冲突

父母表达自己需要的方式,孩子会在不知不觉中模仿。这种模仿是不经意间习得的,主要取决于镜像神经元的捕捉和海马体图像的记忆,进而形成固化的记忆。如果父母在表达自己需要的时候,给孩子的是一个冲突的方式,父母的语言信息和非语言信息表现出完全不同的信息方向的时候,孩子就会比较困惑。

我曾经在咨询过程有遇到过这样的一位女孩子:她谈到她身边的很多人都觉得她非常不真实,而她觉得每一次她都是很真实、很真诚

一

地和别人进行交往。当她一副很委屈的样子坐在我面前的时候,我让她用平常的方式来模拟一下她是如何跟自己的一些同事和朋友互动的。我惊奇地发现,在互动过程中,她不断地在皱眉头,说话的时候不断地在摇头,她的非语言信息与语言信息正在发生着冲突,而我们交流的对方往往捕捉到的是非语言信息。因此,尽管她在语言表述过程中是不冲突的,但在非语言信息中表达了她内在的冲突,所以对方就有了"她不真实"这样的理解。

因此,我们的需要在表达过程中如果是冲突的时候,对方是无法做出很好的判断的,而且真实的内在需要是什么?对方也是无法捕捉到的。

非语言信息与语言信息冲突的举例:

信息类别 事件	语言信息	非语言信息
孩子不想吃饭	你不吃,我等一下给狗狗吃	面带微笑,非语言信息表达着来吃点饭
孩子写作业很慢	没事的,妈妈陪你慢慢写,实在不行我就给你请一个家教老师,好不好	母亲双眉紧锁,动作僵硬,表情严肃,孩子解读到了妈妈很焦虑、很焦虑
孩子在学校打架	吵架是不对的,这样能解决问题吗;你告诉我怎么回事	开展家庭会议,充分地表达自我的看法,举行家庭仪式。家庭成员建立互相尊重的意识

人们的表达背后隐藏的需要是什么?这对我们做人来讲是很根本性的东西,如果不了解这些,我们日常的人际交流就会有很大的障碍,更不要说更好地发展。

我们从小就被大人教育要实话实说，但"实话"，也要掌握"实说"的技巧，说了要让人能接受。比如一个人直截了当地说："我今天恨死你了！"可是，凭什么恨我？这样直白的方式没人能接受，你一定是要通过某种更合适的方式来让别人去了解你的内心。母亲回到家，孩子想抱抱你，这时候你抱抱他，说一句："宝贝今天真乖！"这样做，证明你了解了孩子内心的需求，听懂了孩子的非语言信息，他想要你的认可。所以前面的实例就告诉我们，人说话是看场合的，因为表达者的表达和真实的需求有时候并不一致，人如果想要什么就直接地表达出来，我觉得这是不正确的事情。大人是这样，孩子一定也是如此。

三、积极沟通与消极沟通的练习

非语言信息对我们来说非常重要，因此，我们要不断学习和强化，来使用好非语言信息。一般可以通过两种情境游戏，来了解积极的非语言信息和消极的非语言信息在沟通中产生什么样的影响，以及两者之间的差异。

活动一：探索积极的非语言沟通

找一个安静的地方，先分配好各自的角色。在一个沟通结束完以后，角色进行互换，其中一个扮演诉说者，另一个扮演倾听者。诉说者在诉说过程中，要自然而然地描述发生的事情，积极融入自己描述的

家庭教养

探索孩子心灵的钥匙

一

情境中,真实地流露自己的情感,最后做一些交流和反馈。

人物 A 的角色就是谈论自己真实的情境,给你两到三分钟的时间,完全自然地表达和交流。

人物 B 的角色主要是听,投入丰富的眼神交流、微笑、身体向前倾斜、点头等方式,通过一般性的鼓励语言,让对方持续地说完他想分享的话题。

然后交换角色再来一遍。

讨论环节:询问人物 A:

※ 同伴做了哪些支持你的动作,让你有持续讲下去的欲望?

※ 同伴在全神贯注地听你说话的时候,你的内心是什么样的感受?

※ 你在说话的时候,同伴哪些方式让你感觉到了自信和放松?

※ 同伴哪些动作尤其让你觉得受鼓舞?

※ 同伴哪些表现让你感到他是在认真地倾听?

※ 同伴的哪些动作让你感觉到他是认同你的观点?

活动二:探索消极的非语言沟通

可以继续谈类似"活动——主题"这样的一些事件,也可以选择另外一些话题,让自己保持在沟通的情境中做出符合情境的情绪反应。

人物 A：和上一个活动是一样的，花三到五分钟谈谈自己最感兴趣的事情，让自己保持在比较投入的状态。

人物 B：你的角色主要就是用各种消极的方式来表示你对这一主题毫无兴趣，你用非语言信息不断地透露着内心的不舒服的体验。你可以人向后靠、打哈欠，眼睛东张西望，摇晃摇晃你的腰，伸伸脖子，背转过去等，总之把你能想到的任何的非语言信息充分地传递给对方，同时还表现出很认同他的观点，不时地"点点头"；也可以进行更深度的练习，一边摇着头一边说"挺好的"，眼睛突然睁大，嘴巴却噘着翘起来，然后笑嘻嘻地说："你说得都挺对的，你说得太好了。"

在角色转换之前，要转移话题一到两分钟，进入一个比较和谐的状态。

讨论环节：询问人物 B：

※ 同伴没有专心听你说话，你是什么样的看法？

※ 同伴哪些动作，让你产生了不想讲下去的欲望？

※ 同伴没有专心听你说话的时候，你内心有什么样的感受？

※ 在这样一个沟通环境中，你的身体和情绪都有哪些反应？

※ 同伴的哪些动作让你感觉到非常愤怒？

※ 同伴的哪些动作让你感觉到他根本没有在乎你在讲什么？

※ 同伴有时候的冲突性的非语言信息给你什么样的体会？

一

四、与孩子建立积极沟通的十种方法

1. 与孩子进行交流的时候,身体要跟孩子处在同一水平高度上,这样你们就可不费力地解读到对方的微表情。

2. 调整你和孩子之间的角度,以便沟通的时候你的视线不会给孩子造成压力。

3. 观察孩子对你的表现所做出的反应,他的心是安定下来还是变得警惕起来? 再根据他的反应调整你的沟通方式。

4. 使用微笑和幽默的方式,特别是孩子在幻想的时候,适当地夸大幻想,以便于孩子更好地思考。举例子:假如孩子不想起床,我们可以和他说:"如果你是一位天使,你就可以永远不用睡觉,也不用起床了。这样是不是更好呢? "孩子听了这样的话,就会认识到现实,知道自己该做什么。

5. 你和孩子之间的回应应该是对等的。你的所作所为应该能够反映孩子的行为,当孩子惹你生气时,不要再用微笑的方式表达你的建议,调整自己的态度,让他知道父母是用严肃的态度和他讨论问题,这不是开玩笑。不要用模仿的方式让孩子了解自己的错误,直接模仿会让孩子感到不安。

6. 无须说话,用点头等肢体语言或鼓励的表情就能让孩子感受到你的支持。

7. 关注孩子的兴趣点,通过身体语言和丰富的微表情让孩子知道你也对此感兴趣。

8. 语气能够清晰地传达温情,如果你不想打搅孩子,不想让他从正在做的事情上分心,那就用"是啊""对""说得太好了",用这些肯定的词语表达你对孩子的欣赏。

9. 有时候,父母的陪伴对孩子来说就已经足够了,在旁边的鼓励比直接介入更有利于孩子的独立。

10. 愿意加入,但不要以父母的角度干涉孩子的行为,用语言或者眼神告诉孩子怎样帮助他们更有效。

五、十个积极沟通的原则

作为父母,我们要不断地通过沟通来激发孩子的成长。孩子要通过不断学习来接收我们的信息,实际上也就是让孩子学习到两个部分:

(1)学习到促进关系满意的技巧沟通的目的就是让我们的关系更加和谐,我们在沟通过程中,运用各种沟通技巧更好地改善和维系人际关系。

(2)在各种人际沟通中,我们要寻求环境的资源,学习一些沟通的保护性技巧、解读他人的技巧、自我清晰地表达内心需求的技巧、积极融入团队的技巧,同时包括一些如何更好地调整沟通效果的技巧等。

在积极沟通过程中,我们将会运用十个原则:温和的开场白;身体

一

上的触碰和亲近;互惠与互利;鼓励和赞扬;支持接受挑战;关注共同问题;归属与界限;分享与互动;正面的反馈;共性期待。十个方面互相融合和穿梭,让沟通变得更加有力量。

1. 温和的开场白

任何沟通之前,我们首先做好的是调整自己的心情,只有调整好自己的状态,才是温和开场白的开始。在整个互动过程中,我们一定要注意自己的语气、语调、语速,因为语气、语调、语速适当地变化比单纯的语言更有影响力。所以,跟孩子沟通时,首先要具备三个温和的要素,即:温和的言语、温和的环境、温和的语气。温和的环境能营造出非常轻松、愉悦的氛围,便于接下来的互动;温和的语言,要注意自己的措辞,让自己的措施更富有善意,交流更加具有亲和力;温和的语气让我们更容易赢得他人的积极配合,拉近人与人之间的心理距离。

2. 身体上的触碰和亲近

身体上的触碰,可以激发人与人之间被照顾、被温暖的感觉,拥抱也具有心灵的抚慰功能。同时要说明的是,如果对方和我们的关系没有足够的亲密时,是不适合用身体上的触碰建立情感连接的,更应该调整我们身体的姿态以及身体的距离,让我们更放松自然地亲近他人。

在我们和孩子的交流过程中,可以大量地运用身体上的接触和触碰,让孩子降低焦虑,更有安全感,情绪更加稳定。"肩并肩坐着"可以有更多的行动和交流。我们可以用同一个水平线上的姿势,来让稍微小一点的孩子感受到我们的亲近；稍微大一点的孩子，我们用身体的互动让他们感觉到我们的支持。适当的"拍肩膀"等认同性的身体接触也是非常有魅力的，通过这些细微的举动，既节省了我们的沟通时间，又提升了我们的沟通效果，而且增进了友谊。

3. 互惠互利

互惠互利的前提条件，是我们要体现出足够的利他性。因为只有站在别人的角度，能给别人带来价值的时候，别人才会用同等的方式来对待我们。因此，信任实际上是在不断互惠互利的基础上发展起来的，互惠互利可以促进我们之间的沟通，也可以让我们更多地了解别人的需要，同时也了解我们自己的需求，实际上就是"助人助己"最合理的运用。

相互信任和相互支持是互惠互利的前提，在跟孩子沟通交流的时候，只有我们先信任孩子才能换来孩子的信任，才能够促进我们之间的沟通，让我们更好地了解孩子，并且帮助他更好地成长。

4. 鼓励和欣赏

鼓励孩子保持最积极的状态，去探索人与人之间互动和沟通的技巧。恰当的鼓励会给予孩子更多的动力，经常受到积极鼓励的孩子也会更好地学会如何去欣赏他人。欣赏代表着以好奇的状态来投入交往，降低更多的防范心理，以更敞开的关系融入交往关系里来。欣赏就要关注到他人的优点，这样也会更好地促进双方有很好的回应。欣赏本身也会激发沟通者保持更好的心境，鼓励和欣赏可以让孩子尊重自己的需要,满足他人的需要,并且一步步地去实现自己的人生目标。

5. 支持接受挑战

在孩子成长过程中,慢慢地会遇到很多的挑战,会出现很多的问题。每一次出现问题的时候,恰恰是孩子最好成长的时机。我们通过帮助孩子共同面对问题、分解问题,对每一个问题做出多角度的思考,形成各种小的目标,把每一个目标进行足够的尝试,接受挑战,并为此付出努力,收获附带的成长和成就感,就是对孩子最好的滋养。孩子要经历风吹雨打,接受更多的挑战,通过困难的洗礼才会更好地面对问题,更快更健康地成长。

6. 关注共同问题

当一个人活在自己的问题里,活在自己的兴趣点的时候,他的人际关系无法更加亲近,只有当交际的双方关注两者共同喜欢的问题,成为共同爱好的“我们”,并且大脑里面充满着“我们”的时候,才会把分享变成一种学习和探索,同时把分享作为我们双方寻找共同话题的一个前提。

在关注共同问题的过程中,会让孩子心中充满幸福感,会让我们更相信人与人之间都可以建立强烈的情感连接,生命也会变得更加丰富多彩。共同关注也是一个双向选择的过程,通过双向选择,孩子拥有丰富的体验,在各种环境和各种活动中寻求自己的价值,让我们在人生旅途中不再孤独。

7. 归属与界限

人与人之间都有强烈的情感连接,这种连接使我们往往在不经意间得出"我属于哪一个组织,我属于什么样的团队,我属于什么样的个性"的答案,我们自然而然进行归类,这种归类让我们建立起安全感。在沟通过程中,通过我们的共同爱好的发现,通过寻找我们隶属于哪一个团队,我们自然会建立起强烈的情感连接,就是归属感。当归属感建立的时候,我们更加了解"我们"和"我"的区别,"我"不等同于"我们","我"可以在团队里自由地行事,在人际关系中自由地表达,有些时候我们需要调整自己的行为,调整自己的沟通方式。我们不等同于"他"这就是界限,建立合理的界限可以便于孩子知道"可以做"和"不可以做"之间的区别。

在人际关系中,我们知道保持身体的界限、保持行为的界限、保持认知的界限,都是为了便于我们能够更好地理解什么是"妥协"。"妥协"就是坚持"我"的基础上又坚持着"我们"的共性的需要。

8. 分享与互动

在亲子沟通中,积极地倾听每一个人的声音,最好的方式就是分享。我们通过自我表露的方式,把自己内在的想法主动跟别人进行交流的时候,更容易听到他人内在的声音。在互动中,保持积极主动的方式,是我们内心深处友谊的橄榄枝,并且深深地坚持"我好,你也好"的基本价值观。积极地敞开和分享,也关注于我们共同需求的部分,对共同需求我们一同加以分析,给出我们自己的观点和意见,并与他

家庭教养

探索孩子心灵的钥匙

人坦诚相待。

9. 正面反馈

在沟通中，一个人对另外一个人有不一致的看法也是完全可以理解的。求同存异就是我们用更正面的方式，对他人做出更合理的反馈。更正面的方式不代表我们会逃避自己的真实看法，而是更好地寻求双方的需求，调整到我们更需要解决的问题层面。正面反馈给他人带来力量，也会让对方感觉到我们的和善，正面反馈往往可以帮助我们更容易解决问题。因此，积极的正面反馈给他人带来温暖，同时也给自己带来更大的正面价值，增加了彼此的信心。

10. 共性期待

每一个人在沟通过程中，内心对自我、对他人、对接下来的事情都充满着期待。当我们去发现、去找到共性期待的时候，我们才会发现人与人之间是可以超越自我的，我们人类所具有共性的品质也会很好地显露出来。比如我们每一个人都渴望被尊重、被认可，渴望自由，这些部分让我们在沟通过程中可以关注于我们的共性需要，而共性期待也可以让我们能够更好地关注于解决共同问题的方案，并且更好地关注于我们在沟通过程中出现的障碍，找到我们共同的需要和行动路径。

第八节

我是谁——探索现实的意义

孩子需要面对自己的未来,他要在未来找到力量。当今的父母处于社会高压力的一种工作状态,很多父母因为出生于独生子女家庭不善于照顾孩子。一般情况由爷爷奶奶或者是家庭其他成员来照顾,也会出现频繁地更换监护人的现象。那么在这样的互动中,你就会发现现在的孩子,他们的面部表情不丰富,更多地以焦虑、难过、麻木、无趣为主,缺少了很多生命活力,与在农村的生活长大的孩子形成了强烈对比。

孩子们就那样一个人独自坐在宝宝椅或者手推车里,有时候嘴里含着个奶瓶,不管是被爷爷奶奶推着,还是被父母推着,这样的互动情境,让孩子缺少了人与人最基本的抚摸和身体互动。我们知道,一个孩子在成长过程中,需要更多的互动游戏吸引他参与到这个世界中来,而爷爷奶奶等看护人往往对孩子缺少关注,反而对周边的人事物更感兴趣,他们会跟一些路人打招呼、唠家常,讨论家庭里最近发生的一些事情、孩子们的工作生活以及老家的情况等,而忽略了跟孩子的互动性。持续地缺少互动的照顾方式,难免会使孩子出现焦虑,这也

一

是太多的孩子融入不了群体、不愿意自己去上学、容易紧张和焦虑、特别是感官功能不协调的一个很重要的原因。

对比较大的孩子来说,走向现实最好的方式就是自我实现,在人际互动中寻找属于自己最重要的生命目标或者是人生目标。自我实现,它的核心要考量三个角度:

※ 我是谁?

※ 我有什么样的使命?

※ 我可以做些什么?

基于三个方面的思考,在自我实现的过程中,孩子们在形成自我认知的时间段里面,他们也在不断地学习和模仿。对亲子成长来讲,自我实现最佳的激励方式就是能够帮助孩子分阶段实现自己的各种人生目标。每一个目标分阶实施过程中,逐步达到增强自我对自我评价的满意度。完成自我实现的背后,也促进自我能力的提升,能力提升过程中又会带动自我更好地理解和与世界相处的基本方法和技巧。

我罗列了一些可以激发孩子自我价值感的一些行为和评价标准:

※ 与自己的父亲有良好的互动能力,学习到逻辑思维与男性力量。

※ 有很好的人生榜样,同时有很多励志的信念和正确的价值观。

※ 有清晰的计划与目标,并有相近的实施方案。

※ 有很好的情绪控制能力和稳定的情感互动渠道。

※ 自我认知感觉良好，具有内在的仁慈与助人之心。

※ 在自我擅长的领域，很专注地投入、喜欢不断地探索。

※ 对新鲜的事物具有良好的兴趣和关注力。

※ 喜欢展示自己的能力并愿与他人分享。

※ 良好的个人习惯，家庭氛围和谐，有很好的家庭支持系统。

知识驿站 每天好心情——快乐报道 ……………………

在人与人沟通互动中有一个非常好的方法，我们取一个好听的名字叫："快乐报道"，可以让孩子们直接体验到改善的空间，寻找到更好的方法，我们也不需要批评孩子，同时可以激发孩子的创造力。从内部和外部来体验，他们可以更好地体会到人与之人之间的"温度"。这种方法分五步来练习：

第一步：致谢环节（可以邀请他人与我们参与互动）

我很欣赏你……

我想要谢谢你……

我很兴奋……

家庭教养

探索孩子心灵的钥匙

一

第二步：担心环节（用担心取代了我们的批评和看法）

我对……感到非常担心！

家庭教养

探索孩子心灵的钥匙

—

第三步:抱怨和解决方法

我不喜欢⋯⋯

我想这些的方法⋯⋯

第四步:新的情况(植入新的变化)

有这样的事情⋯⋯

第五步：希望、梦想和期待（对未来抱有希望）

我希望……

家庭教养

探索孩子心灵的钥匙

一   举例说明：   妈妈对萌萌起床总要生气

         常用方式：   你快起来，上学要迟到了！

                          你再不起来，我就不要你了！

                          快点起来，我给你做了好吃的东西，赶快！

         快乐报道：   妈妈很欣赏萌萌，现在萌萌做事情越来越快了。

                          妈妈担心萌萌上课迟到了，老师又会批评你了。

                          妈妈觉得萌萌睡懒觉是很烦的，妈妈只能自己去做事情了。

                          这样萌萌就没有办法吃早饭了，没有人送你上学了。

                          妈妈希望萌萌能够快快长大，自己穿衣服。

         快乐报道：   对比较小的孩子我们还可以这样，改成疑问句激发孩子思考。

                          妈妈最欣赏萌萌什么呀？

                          妈妈担心萌萌什么呢？

                          我不喜欢萌萌什么，那怎么办啊？

                          你看太阳公公都笑萌萌了，那怎么办？

                          太阳公公希望萌萌……？